스티브 잡스처럼
생각하라

스티브 잡스처럼 생각하라

초판 1쇄 발행 2009년 2월 25일
초판 3쇄 발행 2010년 9월 25일

지은이_ 김영한
펴낸이_ 전익균

이사_ 송영옥, 임상현
편집장_ 김남희
기획_ 김미화
마케팅_ 오정민   경영지원_ 최예란
디자인_ 이호영, 김희숙   교정, 교열_ 이미순

찍은곳_ 예림인쇄   출력_ 한국커뮤니케이션   제본_ 바다제책

펴낸곳_ (주)새빛에듀넷
주소_ 서울 강남구 역삼동 723-28 영빌딩 1, 2층
전화_ 02-3442-4393~4   팩스_ 02-3442-6771
e-mail_ svinvest@hanmail.net   홈페이지_ www.assetclass.co.kr
등록번호_ 제16-4043호   등록일자_ 2006. 11. 28

값 11,000원

ISBN 978-89-92873-34-5 (03320)

스티브 잡스처럼 생각하라

김영한 지음

도서출판 새빛
SAEVIT

왜 스티브 잡스를 주목하는가?

애플(Apple)은 세계 최고로 손꼽히는 기업이다. 그런 애플과 함께 떠오르는 주인공은 바로 스티브 잡스이다. 그는 경영 능력을 의심받아 자신이 설립한 회사에서 쫓겨나는 굴욕을 겪었다. 하지만 좌절하지 않고 다른 곳에서 자신의 능력을 인정받아 다시 제자리로 돌아왔다. 그 후 최고의 기량을 발휘하면서 가장 유능한 CEO로 대접받고 있다.

스티브 잡스는 세계를 주무르는 기업의 1인자라는 타이틀과는 어울리지 않게 덥수룩하게 수염을 기르고 청바지에 터틀넥 셔츠 차림일 때가 많다. 이런 그가 전 세계적으로 인정을 받고 있는 것은 단연 뛰어난 그의 창의성 때문이다.

놀라운 창의성을 발휘하는 그의 가치는 얼마나 될까? 지난 2008년

여름, 그가 다소 초췌한 모습을 보이자 매스컴에서는 앞다투어 그의 건강을 염려하였다. 『뉴욕타임즈』와 『포브스』 등에 그의 체중 감소에 관한 기사가 실리자 애플의 주가가 15% 가까이 하락하기도 하였다.

이쯤 되자 눈치 빠른 애널리스트들이 스티브 잡스의 가치를 금액으로 환산하는 일까지 벌어졌는데, 계산 결과 그의 가치는 투자자들에게 350억~700억 달러(당시 약 35조~70조 원) 정도라고 평가되었다. 즉, 스티브 잡스의 창의적 문제해결력이 70조 원 정도의 가치를 가지고 있는 것이다.

이러한 그의 몸값을 입증이라도 하듯이, 2009년 1월에 중병으로 인해 6개월 휴직하겠다고 발표하자 애플의 주가는 10% 정도 내려갔다.

한때 경영 능력을 의심받아 쫓겨났던 그는, 약 15년의 유랑생활을 겪고 애플에 복귀하자 다른 사람으로 바뀌어 있었다.

과연 무엇이 스티브 잡스를 달라지게 한 것일까? 그 변화의 원리와 과정을 이해할 수 있다면 보통 사람도 스티브 잡스처럼 뛰어난 문제해결력을 가진 사람으로 거듭날 수 있을 것이다.

30년 동안 세상 사람들이 모두 알 만한 벼락 성공과 대 실패, 그리고 화려한 부활을 경험한 스티브 잡스!

그의 성공과 실패의 과정은 다음과 같이 4단계로 구분해볼 수 있다.

1. 10대가 이룬 대단한 성공 – 잡스는 컴퓨터 하나가 전 세계인의 생활을 확 바꿀 수 있다는 생각으로 세계 최초의 PC 제작을 감행한 스티브 위즈니악(Steve Wozniak)의 작업에 큰 관심을 가졌다. 그래서 그와 손잡고 개인용 컴퓨터를 만들어 애플을 설립한다. 그리고 세계 컴퓨터 시장의 판도를 완전히 바꾸어 놓은 애플 PC로 애플은 최고의 회사로 성장하게 된다.

2. '선택적 사고'가 안긴 고배 – 잘 알다시피 초기의 성공은 친구인 위즈니악에 의한 것이었기에 잡스는 자신이 직접 설계한 컴퓨터를 만들고 싶었다. 그러나 그가 개발한 컴퓨터는 실패를 하였고, 결국 그는 애플을 떠나야 했다.

맨손으로 성공을 거머쥐었던 10대 때와 달리, 부와 명성을 얻은 후에 개발한 컴퓨터는 왜 실패하고 말았을까?

초기에 잡스의 사고방식은 위즈니악의 기술과 자신의 마케팅 능력을 연결하는 '연결형 사고'였다. 그러나 어느 정도 성공의 단계에 오르자 자만과 독선에 빠져 모든 것을 자신만이 해결할 수 있다는 '선택적 사고'에 빠져들었다. 이것이 바로 실패의 큰 이유였다.

실패의 쓴잔을 마신 잡스는 애플을 떠난 후에도 몇 년 동안의 학습기를 거치게 된다.

3. 〈토이 스토리〉의 성공 – 10여 년이 지나고 그동안 벌어놓았던 모든 돈이 거의 바닥날 즈음, 잡스는 극적인 변화를 맞게 된다. 그가 세운 픽사(Pixar)와 디즈니사의 제휴로 3D 애니메이션 영화를 만들게 된 것이다.

3D 애니메이션 영화는 디즈니도 시도하지 못했던 새로운 분야였고, 픽사도 혼자 힘만으로는 도저히 성공을 장담할 수 없는 새로운 기술영역이었다.

그러나 그들이 손잡음으로써 디즈니의 스토리 능력과 픽사의 기술력이 결합된 3D 애니메이션 영화가 만들어졌다. 그것이 바로 〈토이 스토리〉이다.

이후 픽사는 디즈니와 공동으로 몇 편의 3D 애니메이션 영화를 제작하였고, 모두 연이어 히트를 기록한다. 그리고 이때 잡스는 경영 능력을 인정받아서 애플로 복귀하게 된다.

4. 아이팟의 개발 – 애플로 복귀한 잡스는 예전의 그가 아니었다.

그는 새로운 발상으로 MP3 플레이어인 아이팟(iPod)을 개발하였다. 이어서 새로운 컨셉의 휴대폰인 아이폰(iPhone)을 개발해낸다. 이 제품들은 세계 시장을 장악하며 지금까지도 여전히 큰 인기를 누리고 있다.

스티브 잡스의 일대기는 너무나 유명하다. 그러나 그가 가진 성공 스토리를 제대로 파악하기 위해서는 드러나지 않은 그의 생각을 분석해 볼 필요가 있다.

이미 널리 알려진 이야기는 빙산의 윗부분에 불과하다. 그가 성공했을 때는 어떤 생각을 하고 있었고, 실패했을 때는 무슨 생각을 하고 있었는가가 담겨 있는 수면 아래를 분석하는 것이 중요하다.

이 책은 스티브 잡스의 스토리와 함께 그가 무슨 생각을 하였고, 그 생각들이 보통 사람들과 어떻게 달랐는지를 분석하고 있다.

더 나아가 그의 생각과 문제해결법을 통해 우리가 배울 수 있는 것은 무엇인가를 살피고, 그의 문제해결법과 비즈니스 천재들의 문제해결법 간의 공통점이 무엇인지 밝혀내어 방법론으로 정리했다.

1부에서는 벼락 성공 후에 스티브 잡스가 겪은 여러 번의 실패 과정을 설명하며, 실패를 경험한 후 완전히 변화한 그가 어려운 상황에 부딪힐 때마다 창의적으로 문제를 해결하는 과정을 보여준다.

2부에서는 스티브 잡스가 위기의 애플과 픽사(Pixar)를 초일류기업으로 변화시킬 수 있었던 '위키 씽킹(Wiki Thinking, 집단 창의)' 혁신의 방법론을 설명한다. 그리고 이 위키 씽킹을 어떻게 활용하여야 기업을 혁신할 수 있는가를 제시한다.

문제는 누구에게나 언제든지 다가올 수 있다. 다만 그 문제를 어떻게 창의적으로 해결하느냐에 따라 성공과 실패가 바뀔 뿐이다.

김 영 한

Contents

Contents

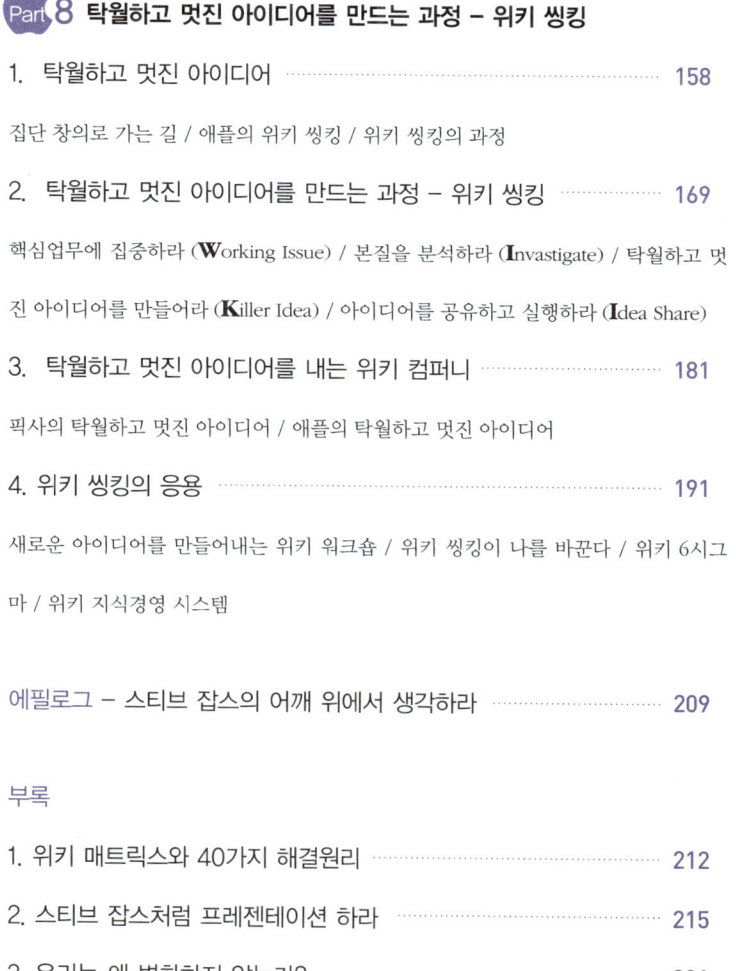

Steve Jobs

1

문제아에서
문제해결사가 되기까지

"스티브 잡스의 어깨 위에서 생각하라.
그러면 탁월하고 멋진 아이디어를 생각해낼 수 있을 것이다."

벼락 성공과
실패가 함께 오다

Chapter 1

청바지 입은 CEO

1977년, 청바지를 즐겨 입던 스물한 살의 젊은 잡스는
'애플(Apple)'이라는 이름의 개인용 컴퓨터를 세상에 선보이며 성공가도에 올라탄다.

　스티브 잡스처럼 전 세계적으로 유명한 성공과 실패의 스토리를 가진 사람도 드물 것이다.

　1975년, 잡스가 캘리포니아주 샌프란시스코 남부에 있는 팔로 알토(Palo Alto)에 살고 있을 때 휴렛팩커드(HP)에 근무하던 동네친구 스티브 위즈니악이 취미 삼아 작은 인쇄회로기판(PCB)를 개발했다.

　잡스는 작지만 컴퓨터의 기능을 가지고 있는 이 작은 기판을 보고 깊은 감명을 받았다. 그리고 이것을 개인용 컴퓨터로 제작하면 상품화하여 판매할 수 있을 것이라는 생각을 갖게 된다. 그래서 위즈니악

에게 HP를 그만두고 자신과 함께 사업을 하자고 권유하게 된다.

이듬해인 1976년에 자신이 몰고 다니던 폴크스바겐 자동차를 처분하여 1,300달러의 자금을 마련한 그들은 자동차가 사라진 빈 차고에서 '애플컴퓨터(Apple Computer)'라는 회사를 출범시킨다. 위즈니악은 기술 개발을 맡고, 잡스는 경영과 마케팅을 맡았다.

이렇게 해서 1977년, 청바지를 즐겨 입던 스물한 살의 젊은 잡스는 '애플(Apple)'이라는 이름의 개인용 컴퓨터를 세상에 선보이며 성공가도에 올라탄다.

회사 이름이 컴퓨터와 그다지 잘 어울리지 않는 '애플'로 지어진데에는 다음의 일화가 전해진다.

잡스와 위즈니악은 회사 출범을 위해서 이름이 필요했다. 하지만이런저런 이름들이 수없이 거론되어도 좀처럼 결론이 나지 않았다.그때 잡스가 위즈니악에게 이렇게 제안했다.

"오늘 5시까지 이름이 결정되지 않으면 '애플'이라고 하자."

유난히 사과를 좋아한 잡스의 방에는 항상 사과가 있었다. 한 입 먹다가 새로운 생각이 떠오르면 이내 그 생각에 빠져들었기 때문에 그의 방에는 깨물어 먹다 만 사과가 여기저기 자리를 차지하고 있었던

1984년 4월 24일, 샌프란시스코에서 애플 II가 베일을 벗었다. 스티브 잡스(왼쪽), 존 스컬리(중앙), 스티브 워즈니악(오른쪽).

것이다. 결국 그날 5시까지 회사 이름에 합의를 보지 못하자 회사 이름은 자동적으로 '애플(Apple)'이 되었고, 로고는 한 입 깨물고 남은 사과인 '바이트 애플(Bite Apple)'로 정해졌다.

바이트(Bite)는 컴퓨터의 비트(Bit), 바이트(Byte)와 발음이 유사하여 사람들에게 친숙한 느낌을 주었으며, 지금도 이 로고는 애플을 상징하는 최고의 가치로 인정받고 있다.

잡스는 위즈니악에게 인쇄기판(PCB) 형태로는 판매에 한계가 있으니 케이스를 씌우고 키보드를 부착한 새로운 모델을 개발해달라고 부탁했다. 그러나 케이스를 씌우는 새 제품을 만들기 위해서는 열을 제거해야 하고, 열을 식히려면 팬을 달아야 하는데 팬의 소음이 만만치 않았다. 새 제품을 개발하는 데는 새로운 인력이 필요하고 자금이 필요했다.

잡스는 곧 간단한 사업계획서를 만들어서 투자자를 찾아나섰다. 운좋게 당시 반도체 회사인 인텔에서 마케팅을 담당하던 마이클 마쿨라를 만나 1천 달러를 투자받았고, 은행에서도 추가로 25만 달러를 대출받을 수 있게 되었다.

드디어 1977년 1월에 잡스와 위즈니악, 마쿨라가 3분의 1씩 주식을 소유한 애플컴퓨터 주식회사가 탄생하였다.

1977년, '애플 II'는 세계 최초의 퍼스널 컴퓨터로 세상에 첫선을 보였고 시장의 반응은 폭발적이었다.

청바지를 입은 청년 스티브 잡스가 시작한 애플컴퓨터는 큰 성공을 거두었고, 불과 10년 만에 20억 달러 매출에 4천 명의 직원을 거느린 회사로 성장하게 된다.

Chapter 2

자만이 몰고온 몰락

잡스는 리사를 1년 내에 50만 대 팔겠다며
엄청난 광고비와 판촉비를 쏟아부었지만 결과는 참담했다.

'애플 II'가 큰 성공을 거두었고 이는 회사에 매우 좋은 일이었
다. 하지만 스티브 잡스는 자신이 직접 개발한 것이 아니라는 생각을
하게 되었고, 자신이 개발한 퍼스널 컴퓨터를 만들고 싶었다. 이때
'애플 II'의 줄기찬 판매와 더불어 주식시장 상장으로 엄청난 돈이 들
어오자, 그는 자신이 개발하는 새로운 프로젝트를 진행하게 된다.

1978년 가을부터 새로운 퍼스널 컴퓨터인 '리사(Lisa)' 프로젝트가
시작되었다. 잡스는 2천 달러에 판매할 컴퓨터를 구상했고 주로 비즈
니스 시장을 대상으로 삼았다.

200명의 인원이 3년이라는 기간 동안 5천만 달러를 투자하여, 드디어 1981년에 '리사'가 발표되었다. 책상 위에 올려 놓을 수 있는 데스크탑(Desk Top)으로 모니터와 플로피 디스크(Floppy Disk)를 하나의 유니트로 묶고, 독립적인 소프트웨어를 개발한 상품이었다.

리사는 하드웨어상으로는 기존의 컴퓨터보다 뛰어났지만 애플이 제공하는 소프트웨어만을 사용해야 하는 불편함이 있었다.

리사가 발표될 때에는 이미 IBM이 마이크로소프트사의 MS-DOS를 이용하는 PC를 내놓은 상태였다.

하지만 잡스는 제품만 좋으면 잘 팔릴 수 있으며, 이미 퍼스널 컴퓨터 분야에서 애플이 최고의 기술을 가지고 있었기에 다른 회사들은 결코 경쟁이 되지 않을 것이라고 생각했다. 작고 강력한 퍼스널 컴퓨터를 책상 위에 올라가게만 하면 기업체 고객들은 가격과 상관없이 구매할 것이라고 판단한 것이었다.

잡스는 리사를 9,995달러라는 높은 가격에 출시했다. 하지만 이렇게 높은 가격에 비해 상대적으로 기능은 약했다.

플로피 디스크는 속도가 너무 느렸고, 프로세스로 모토로라의 68000 프로세서를 사용했지만 16비트 프로세서 스피드는 빨라도 인풋/아웃풋(Input, Output) 스피드는 좋지 않았다.

이런 상황에서 이미 판매된 제품을 사용하던 고객의 불만이 쏟아지자 6,500대 밖에 판매되지 않은 상태에서 기기를 대폭 수정해야 하는 일이 발생했다.

이것뿐만이 아니었다. 문제는 영업 쪽에서도 터져나왔다. 애플 II는 컴퓨터 마니아(Mania)들이 컴퓨터랜드와 같은 숍에서 구매해 갔으나, 사무용 PC인 리사의 판매 대상인 기업체 고객은 컴퓨터 숍에 나타나지 않았던 것이다.

1만 달러짜리 PC를 판매하기 위한 기업체 방문 영업사원이 필요했지만 이를 간과한 결과였다. 문제를 발견하고 급히 영업사원을 채용하여 기업을 방문했지만, 기업체에서는 이미 IBM PC를 쓰고 있었다.

엎친 데 덮친 격으로 리사가 출시되고 2개월 밖에 지나지 않았을 때 가격이 싼 IBM PC의 호환성 PC가 출시되었다. 컴팩(Compaq)이라는 회사에서도 리사보다 무게가 훨씬 가벼운 PC를 3,590달러라는 싼 가격에 출시했다.

잡스는 리사를 1년 내에 50만 대 팔겠다며 엄청난 광고비와 판촉비를 쏟아부었지만 결과는 참담했다. 목표의 10분의 1에 지나지 않는 5만 대 정도만이 판매된 것이었다.

결국 리사는 판매 개시 1년 반만에 8만 대의 판매 기록을 남기고 생산이 중단되었다.

잡스는 위즈니악이 개발한 애플 II가 아닌 자신이 직접 개발한 리사를 애플의 대표적인 상품으로 만들어 보겠다는 자존심에 큰 상처를 입고 말았다.

또한, 리사의 제작과 판촉 때문에 경비를 많이 쓰고 시장 장악에 실패하며 결과적으로 매출이 줄어들자 회사의 손익이 나빠졌다.

얼마 후 이사회 멤버인 마쿨라는 자신의 친구인 스콧으로 CEO를 교체하고 잡스는 개발 일에만 전념하도록 조치하게 된다.

두 번째 실수

경쟁사의 전략을 간과한 매킨토시는 세상에서 버림을 받는다.

스티브 잡스는 리사(Lisa)의 실패를 만회할 만한 새로운 프로젝트를 찾았다. 애플컴퓨터 개발팀의 다른 엔지니어들도 애플 II를 대체할 만한 새로운 프로젝트를 진행하고 있었는데, 그중 하나가 지금의 매킨토시 프로젝트이다.

여러 개의 개발 프로젝트를 검토하던 잡스는 강력한 PC를 개발했다는 매킨토시팀의 설계 개념과 개발팀이 마음에 들었다. 그래서 제프 레스킨과 다섯 명으로 이루어진 팀이 개발하고 있는 프로젝트를 자신이 직접 지휘하기로 결정한다.

회사의 이사회 멤버들도 잡스의 오만과 독선이 못마땅하던 차라 매킨토시 프로젝트에 전념하겠다는 그의 결정에 적극 찬성했다.

잡스는 매킨토시팀을 대폭 보강하여 아예 새 건물로 이사하고 매킨토시의 원형을 상품화하는 일에 전념한다.

그는 새로운 컴퓨터의 모든 디자인 스펙(Specification), 운영체계(OS) 등을 직접 결정했으며, 개발팀을 해적(Pirates)이라 부르고 'Pirates' 라고 쓴 티셔츠를 입도록 했다. 그리고 "주 90시간 작업을 즐기면서 일하자"라며 개발팀을 독려하였다.

매킨토시는 기술적으로 뛰어난 점이 몇 가지 있었다. 그 당시만 해도 컴퓨터는 전문가들만이 사용할 수 있을 만큼 작동이 어려웠다. 조작에 필요한 명령어를 키보드로 입력하는 방식이었기 때문이다.

하지만 매킨토시는 처음으로 사용자가 그래픽을 자유롭게 이용할 수 있는 그래픽 유저 인터페이스(GUI)를 채택했다. 명령어를 상징하는 아이콘(Icon)이 처음으로 매킨토시에서 등장한 것이다. 그 덕분에 컴퓨터 명령어를 잘 모르는 초보자들도 그림으로 상징화된 아이콘을 마우스로 클릭만 하면 컴퓨터를 작동할 수 있게 되었다.

PC에서 멀티태스킹이 가능하게 하여 한 화면에 두 개의 창이 뜨는 윈도우(Window) 기능도 매킨토시에서 처음으로 채택되었다. 이것은 당시로선 대단히 획기적인 기술이었기에 잡스는 성공을 확신하였다. 그는 본체와 모니터를 일체형으로 하는 새로운 디자인을 결정하면서 크기를 작게 하였다.

하지만 아무리 하드웨어상으로 뛰어난 기능을 가지고 있다고 하더라도 고객 입장에서 이것을 어떻게 쓸 것인가를 고려하지 않으면 결코 좋은 제품이라 할 수 없다.

그런데 잡스는 리사 때 범했던 실수를 매킨토시에서도 똑같이 되풀이하였다. 작고 강력한 탁상형 PC를 만든다는 생각으로 제작된 초기의 매킨토시는 화면 사이즈가 9인치였고 그나마 흑백 모니터였다.

게다가 플로피 디스크와 일체형으로 작은 몸체에 여러 기능을 집어넣다 보니 확장 슬롯이 없었다. 초기에 구매하면 더 이상 확장할 수 없고 새로운 기기를 구매해야 하는 큰 단점이 생긴 것이었다.

또한 파워풀한 매킨토시용 운영체제(OS)를 채택하다 보니 마이크로소프트사의 MS-DOS와 호환성을 갖추지도 못했다.

결국 자신의 기술력만을 과신한 채 고객이 무엇을 원하는가를 생각하지 않았고, 경쟁사의 전략을 간과한 매킨토시는 세상에서 버림을 받는다.

Chapter 4

세 번째 실수

중요한 것은 개발자의 기술에 대한 만족이 아니라
실제 컴퓨터 사용자를 얼마나 만족시키느냐 하는 점이다.

스티브 잡스는 매킨토시의 독창성과 하드웨어적인 우수성을 믿고 판매 목표를 과감하게 잡았다. 처음 100일 안에 7만 대, 첫해에 50만 대를 팔겠다고 호언장담을 한 것이다.

1983년 말 매킨토시 개발이 끝나갈 무렵 그는 대규모의 광고 계획을 세우고, 11월에 〈에이리언(Alien)〉의 영화감독 리들리 스콧(Ridley Scott)에게 광고 제작을 의뢰했다.

조지 오웰(George Orwell)의 소설인 『1984년』의 해를 맞아 1984년 1월에 미식축구 슈퍼볼 경기 때 광고를 하자는 것이 잡스의 생각이었다.

슈퍼볼 텔레비전 광고는 1회에 100만 달러였으니 대기업들도 부담스러워 할 만한 금액이었다. 애플은 광고 제작비로 75만 달러를 썼다.

잡스는 광고 제작 전부터 "우리 광고는 따귀를 맞은 듯한 충격을 주어야 한다"고 말해 왔다.

1983년 12월, 드디어 매킨토시의 첫 TV광고가 나갔다. 그리고 그의 바람대로 광고는 단숨에 시청자의 눈을 사로잡았다.

광고는 조지 오웰의 소설 『1984년』을 차용한 것으로, 제복을 입은 노동자들이 강당에 앉아 있고 빅 브라더(1984년에 나오는 감시자)가 대형 스크린을 통해 명령을 내리는 장면에서 시작한다.

그리고 경비대에 쫓기는 한 소녀가 강당으로 뛰어들어와 스크린을 망치로 내리치면 다음과 같은 멘트가 흘러나온다.

"1월 24일은 애플컴퓨터가 매킨토시를 소개하는 날입니다. 그때 당신은 왜 우리의 '1984년'이 조지 오웰의 『1984년』과 다른지 알게 될 것입니다."

잡스는 이 광고를 통해 컴퓨터는 인간을 소외시키는 것이 아니라 자유의 원천이 되어야 함을 전달하고 싶었고, 애플이 거대 기업 IBM

에 맞서서 홀로 싸우고 있다는 것을 보여주고 싶었다.

이 웅장한 광고는 시청자의 이목을 끄는 데 성공했다. 기존 광고와 완전히 차별화되는 독창적인 내용이었기 때문에 뉴스에 소개되기도 했다. 수백만 달러의 홍보 효과가 '공짜'로 이루어진 셈이다.

광고는 대성공을 거두었고, 다음 날부터 사람들은 애플 매장으로 몰려들었다. 주문은 폭주하였고 '최초 100일 동안 7만 대 판매'라는 목표 달성도 가능해 보였다. 그러나 결과는 기대했던 것보다 초라했다.

매킨토시를 보러 매장에 온 사람들은 이내 IBM으로 눈길을 돌렸다. 아무리 광고가 잘 되었다고 하더라도 고객의 욕구를 충족시키지 못하는 상품이 고객의 마음을 잡을 수는 없었던 것이다.

중요한 것은 개발자의 기술에 대한 만족이 아니라 실제 컴퓨터 사용자를 얼마나 만족시키느냐 하는 점이다. 바로 이 점에서 애플은 완전히 실패하고 말았다.

첫해 판매 목표를 50만 대로 잡고 광고와 비용 집행을 했지만 판매 결과는 참담했다. 그리고 가뜩이나 재정적 어려움을 겪고 있던 애플에 매킨토시의 실패는 치명적인 손실을 안기고 말았다.

계속되는 실패에도
좌절하지 않는다

Chapter 1
자신이 만든 회사에서 축출되다

1985년 4월 11일, 스티브 잡스를 축출하기 위한 이사회가 열렸다.

IBM이 PC 시장에 뛰어들자 그동안 독점적인 지위를 누리던 애플의 지위가 흔들리기 시작했다. 애플의 공동 투자자인 마쿨라는 새로운 CEO로 친구인 마이크 스콧을 영입했다. 하지만 얼마 뒤 마쿨라는 스콧을 해임하고 스스로 임시 CEO가 된다.

스티브 잡스는 CEO 자리를 원했지만 이사회에서는 그가 CEO로 적합하지 않다고 생각했고, 새로운 인물을 물색했다. 잡스는 자신이 CEO가 될 수 없다면 자신이 쉽게 통제할 수 있는 사람을 선택하는 것이 차선이라고 생각했다.

그래서 떠올린 사람이 바로 펩시콜라의 회장인 존 스컬리(John Sculley)였다. 잡스는 마케팅 전문가인 스컬리가 컴퓨터에 대해서는 잘 알지 못하기 때문에, 그가 회사를 운영한다면 기술문제에 대해서 자신에게 도움을 청할 것이라고 생각했다. 이런 이유로 스컬리의 영입을 추진하였다.

스컬리는 연봉 100만 달러, 보너스 100만 달러, 그리고 100만 달러 상당의 스톡옵션과 장려금 및 저리의 융자금을 받는 조건으로 마침내 영입 제안을 수락했다.

그러나 스컬리는 2년 뒤 잡스를 애플에서 쫓아내는 데에 앞장서게 된다. 잡스는 자신이 설립한 회사에서, 자신이 설득하여 영입한 경영인에 의해 축출당하는 비운의 주인공이 되고 만 것이다.

스컬리가 사장으로 취임했을 때 애플의 경영 상태는 좋지 않았다. 애플 II의 후속으로 개발한 애플 III의 실패로 상황은 더욱 악화됐다. 애플 III는 뛰어난 엔지니어들이 모여 개발하고 이사회의 의견을 수렴하여 디자인을 결정하였지만 IBM PC를 이길 만한 특별한 점이 없었다.

스컬리의 취임 소식으로 한때 애플의 주가가 치솟았지만 오래가지 않았다. 스컬리가 애플의 경영상태가 좋지 않다고 발표하자 주가는 63 달러에서 21달러로 곤두박질쳤다. 거기에다 잡스가 성공을 호언장담

하던 매킨토시마저 실패하자 상황은 걷잡을 수 없이 나빠졌다.

첫해에 50만 대를 팔겠다며 엄청난 개발비와 광고비를 쏟아부었지만 결과적으로 실제 판매는 10분의 1에 그쳤다. 이 일로 가장 먼저 매킨토시의 마케팅 이사와 재무 담당 이사가 해임되었다.

설상가상으로 또 다른 내분이 계속되었다. 공동 창업자인 워즈니악이 돈을 벌어다 주는 애플 II 사업부는 지원하지 않고 적자투성인 매킨토시 사업에만 돈을 쓰고 있다는 불만을 제기하며 애플을 떠나버린 것이었다.

1985년 4월 11일, 잡스를 축출하기 위한 이사회가 열렸다. 잡스도 이사회 의장 자격으로 이사회에 참가했다. 스컬리는 이 자리에서 "이사회 의장이 회장 경영을 하게 되면 CEO 역할을 제대로 하기 어렵다"며 자신에게 회사 운영의 전권을 달라고 요구했다. 잡스가 너무 독단적이라고 여겨왔던 이사회는 결국 스컬리의 손을 들어주었다.

잡스는 더 이상 매킨토시 조직을 운영할 수 없었고, 스컬리가 회사의 모든 실권을 장악했다. 그후 회사로부터 사무실을 옮겨달라는 요구를 받았다. 애플의 주가는 계속 하락하여 주당 15달러까지 떨어졌고 매 분기마다 적자로 전락했다. 잡스는 1986년 초에 달랑 한 주만을 남기고 애플의 모든 주식을 처분해서 1,100만 달러를 확보했다.

새로운 회사에 또다시 실패하다

넥스트의 컴퓨터가 혁신적이라는 것은 누구나 인정하는 사실이었지만
시장에서는 여전히 생소한 제품이었다.

갑자기 애플에서 축출된 후에 할 일이 없어진 스티브 잡스는 주로 집 근처에 있는 스탠포드(Stanford) 대학 캠퍼스를 배회하며 시간을 보냈다.

그는 고교생 시절부터 다닌 대학 캠퍼스에 있는 카페에 자주 들렀고 물리학 강의를 청강하기도 했다. 학생들의 모임에도 자주 나갔고 나중에는 MBA과정 학생들에게 이렇게 강연하기도 했다.

"내가 제일 잘 하는 것은 새롭고 혁신적인 제품을 만드는 것이다. 이것은 또한 내가 즐기는 일이기도 하다."

그는 도서관에 가서 컴퓨터 이외에 생화학과 유전자 변형 기술에 대한 책을 많이 보았다. 컴퓨터 외에 급속히 성장하고 있는 또 다른 분야에 대해서도 이해하고 싶었기 때문이었다. 다른 대학에서 교수직을 제안 받기도 했지만 그는 새로운 회사를 만들고 싶었다.

"나는 아직 서른 살이다. 뒤로 물러나서 교수직을 할 때가 아니다. 내가 가장 좋아하는 일은 뛰어난 인재를 찾아내서 그들과 함께 멋진 제품을 만드는 일이다."

그리고 잡스는 그가 말한 멋진 제품을 만들기 위해 새로운 컴퓨터 회사를 차린다.

잡스는 개인 재산 700만 달러를 투자하여 넥스트(NeXT)를 창립했다. 애플에서 함께 일했던 직원 여럿이 그를 따라왔다. 그는 기관과 개인 투자자들로부터 투자를 유치했는데, 투자자 중에는 1992년 대통령 후보로 출마한 텍사스의 억만장자 로스 페로(Ross Perot)도 포함되어 있었다. 로스 페로는 2천만 달러를, 캐논은 1억 달러를 투자했다.

1988년 10월, 넥스트큐브(NeXTCube)가 출시되었다. 이것은 혁신적인 디자인을 갖춘 강력한 컴퓨터였다. 온통 검은색으로 된 이 컴퓨터는 큐빅형 CPU와 미래지향적인 받침이 부착된 17인치 사각 모니터로 되어 있었다.

또한 이 컴퓨터는 몇 가지 대담한 기술적 선택으로도 주목을 받았다. 특히 팩스 모뎀, 소리를 디지털화 할 수 있는 사운드카드, 350MB의 광자기 디스크 드라이브를 갖추고 있던 점이 주목할 만했다.

잡스는 자신의 생각대로 새로운 컴퓨터를 개발했다. 넥스트큐브의 출시를 며칠 앞두고는 다음과 같이 발표할 정도로 자신감에 넘쳤다.

"우리는 세상에서 가장 훌륭한 컴퓨터를 만들었습니다. 이제부터는 모든 컴퓨터가 달라질 겁니다."

그러나 상황은 잡스가 예상한 대로 흘러가지 않았다. 넥스트 컴퓨터는 가격을 낮추기 위한 시도에도 불구하고 여전히 비쌌다. 가격 할인 혜택을 받고 있던 교육시장조차 좀처럼 장악하기 어려웠고, 넥스트의 경쟁상대는 둘로 늘어났다.

하나는 기능이 훨씬 떨어지지만 가격을 대폭 낮춘 PC였고, 다른 하나는 워크스테이션으로 더 비싸지만 성능이 뛰어난 선마이크로시스템스의 제품이었다.

넥스트의 컴퓨터가 혁신적이라는 것은 누구나 인정하는 사실이었지만 시장에서는 여전히 생소한 제품이었다. 운영체계(OS) 역시 흥미

롭기는 했으나 시장에 나와 있는 다른 기종과 호환이 불가능하다는 단점이 있었다. 플랫폼 관련 응용 프로그램도 거의 없었고, 마이크로소프트의 윈도우와 맥 또는 유닉스 사이에 새 시스템이 끼어들 만한 자리도 없었다.

결국 1993년, 잡스는 넥스트의 하드웨어 생산을 중단하고 소프트웨어에 전념하기로 결정한다. 컴퓨터 총 생산량은 5만 대에도 미치지 못했다.

그는 직원 수를 반으로 줄인 후 하드웨어 분야를 캐논에 매각하고 나머지 부분에서는 구조조정을 단행했다.

리더의 오만과 편견은 독이다

'뛰어난 기술로 훌륭한 하드웨어를 만들어내면 무조건 팔린다'는 편견에 사로잡혀 있었다.

불과 스물한 살의 젊은이가 남들이 생각하지 못한 작은 인쇄 회로기판(PCB) 하나를 들고 나와서 벼락 성공을 하였지만 시장은 그리 호락호락하지 않았다.

스티브 잡스는 우연한 아이디어 하나가 세상을 바꾸어 가는 과정에서 자신이 최고라는 생각을 갖게 되었고, 이것은 실패를 거듭하게 만든 오만과 편견을 낳게 된다.

그는 퍼스널 컴퓨터에 관해서는 자신의 아이디어가 최고라는 생각을 절대 굽히지 않았다. 그리고 어떻게 해서든지 이것을 입증하고자 노력했다. 애플의 성공이 워즈니악이 개발한 애플 II에 의해서가 아니라 자신이 개발한 PC에 의해서 성공한 것이라는 것을 증명하고 싶었던 것이다.

그래서 회사 내의 개별 프로젝트를 자신이 주도하고 모든 의사결정을 자신의 뜻대로 하려 했다. 마이크로 프로세스도 모토로라의 16비트를 채택하고 운영체계(OS)는 자신의 주도하에 개발했다.

그렇게 리사(Lisa) 프로젝트를 진행했고, 그 방식이 실패했음에도 불구하고 매킨토시 때에도 똑같은 방식으로 개발을 진행했다. 고객이 원하는 소프트웨어를 어떻게 할 것인지, 경쟁자인 마이크로소프트사에서는 어떤 정책을 쓰고 있는지를 전혀 고려하지 않았다.

'뛰어난 기술로 훌륭한 하드웨어를 만들어내면 무조건 팔린다' 는 편견에 사로잡혀 있었던 것이다.

모든 의사결정을 혼자서 하는 제왕적 리더십을 보이다 보니, 자신이 개발 프로젝트에 몰입하면 마케팅이나 조직관리는 공백 상태에 빠지게 되고 팀워크는 점차 무너지게 되었다.

이러한 모순을 해결하기 위해 잡스는 엄청난 광고비를 쏟아부었다. 하지만 고객들은 광고만 보고 제품은 사가지 않았다. 설령 광고를 보고 신기해서 제품을 구매하였더라도, 직접 사용해 보니 결점투성이에 사용이 불편하다면 누가 재구매를 하고 좋은 평가를 내리겠는가?

잡스는 모든 기술개발을 애플 내부에서만 해야 한다는 생각을 가지고 있었다. 이는 마이크로소프트사의 오픈 방식과는 반대되는 정책이다. 회사 입장에서는 기술을 보호하려고 했을지라도, 고객 입장에서는 유용한 소프트웨어에 한계를 느끼게 되고 협력자의 접근을 차단하는 역작용을 낳게 된다.

그리고 결국 이러한 잡스의 폐쇄적이고 기술신봉주의가 매킨토시의 실패를 몰고온 것이다.

잡스는 계속된 실수에도 불구하고 자신의 오만과 편견을 전혀 바꾸려 하지 않았다. 이로써, 결국 그는 자신이 영입해 온 CEO에 의해 축출되는 최악의 수모를 당할 수밖에 없었다.

"스티브 잡스의 어깨 위에서 생각하라.
그러면 탁월하고 멋진 아이디어를 생각해낼 수 있을 것이다."

Part **3**

솔직하게 피드백하는
환경을 만들다
(픽사의 문제해결)

Chapter 1

몇 번의 실패 뒤에 찾아온 기회

존 래스터와의 만남은 스티브 잡스가 영화의 세계로 발을 들여놓는 계기가 된다.

스티브 잡스가 애플을 떠나 넥스트컴퓨터를 세운 지 얼마 되지 않아서 <스타워즈(Star Wars)>를 제작한 영화감독 조지 루카스 (George Lucas)가 재정난으로 루카스필름을 매각할 것이라는 소문이 나돌았다. 이 소식에 잡스는 큰 흥미를 가졌고, 루카스필름을 방문했다. 그리고 그때 그가 본 것은 완전히 다른 세계였다.

그곳에는 소위 컴퓨터 그래픽의 광신도들이 모여 있었다. 잡스에게 믿을 수 없을 만큼 선명한 디지털 사진과 3D 영상물을 보여준 그들은 그야말로 컴퓨터 그래픽의 천재들이었고, 그들의 컴퓨터 시스템과 소프트웨어는 더할 나위 없이 훌륭했다.

잡스는 욕심이 생겼다. 사람과 컴퓨터와 소프트웨어를 모두 사고 싶었다. 그러나 루카스가 제시한 금액은 무려 3천만 달러나 됐다. 흔쾌히 수락하기에는 너무나 큰돈이었다. 밀고 당기기가 계속 진행되었다. 그리고 오랜 협상 끝에 돈이 급해진 루카스가 한발 물러나면서, 결국 잡스는 1천만 달러에 루카스필름을 인수할 수 있었다.

잡스는 이 회사의 이름을 픽셀(Pixel)과 비슷한 느낌이 드는 픽사(Pixar)로 정하고 비전을 이렇게 제시했다.

"재미있는 이야기를 만들고 진짜 영화를 제작하겠다. 우리의 꿈은 세계 최초로 컴퓨터 합성 기술에 의한 3D 애니메이션 영화를 만드는 것이다."

픽사를 세운 잡스는 초기에 애니메이션 영화에 힘을 쏟기보다 다른 하드웨어 사업에 주력했다. 하지만 하드웨어 사업은 IBM, 선마이크로시스템스와 같은 막강한 경쟁자에게 밀려 또다시 실패하고 만다. 과거에 매킨토시가 그러했고, 넥스트 컴퓨터와 픽사 컴퓨터도 마찬가지였다.

결국 잡스는 하드웨어 사업을 정리하고, 소프트웨어 사업으로 간신히 회사를 꾸려가야 했다.

하드웨어 사업인 픽사 컴퓨터의 실패로 회사 운영이 어려워지자 지속적으로 인력과 경비를 감축하지 않을 수 없었다. 그런데 불행 중 다행으로 이런 어려운 시기에 새로운 투자를 요구하는 내부 프로젝트가 하나 올라왔다.

존 래스터(John Lasseter)가 3D 애니메이션 영화를 만들자고 제안했던 것이다. 그는 원래 디즈니에서 일하던 애니메이션 전문가였는데, 루카스 사단에 들어온 후 컴퓨터 기술을 익혀서 3D 애니메이션 분야에서 최고의 전문가로 성장한 인물이다. 1984년에는 90초짜리 단편 애니메이션을 컴퓨터그래픽 전시회에 출품하여 기술력을 인정받은 경력이 있었다.

하지만 래스터의 제안을 받아들인다는 것은 곧 수십만 달러의 지출을 의미했기에 잡스는 신중하지 않을 수 없었다. 그는 래스터에게 물었다.

"스토리보드는 나왔나?"

그리고 래스터가 스토리보드에 대한 프레젠테이션을 했을 때, 깊은 인상을 받은 잡스는 회사의 자금 사정이 좋지 않은 것을 감안해 개인

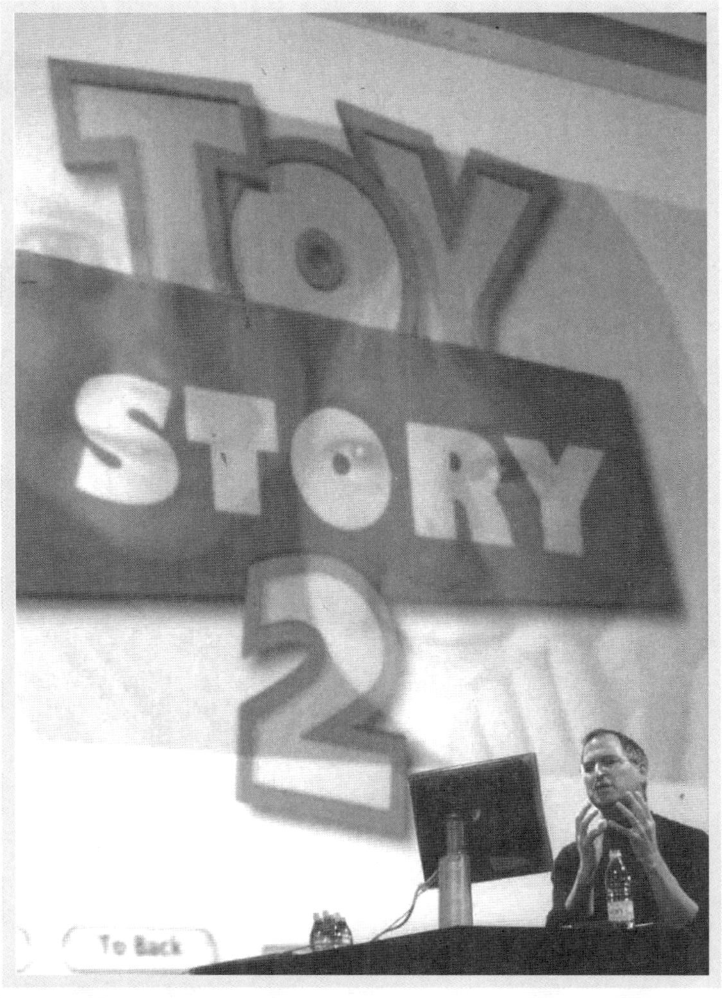

사진출처 : 연합뉴스

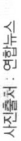

2000년 샌프란시스코에서 개막된 '맥월드 엑스포'에서, 스티브 잡스가 애니메이션 영화 〈토이 스토리 2〉의 그래픽 화면을 배경으로 새 매킨토시 운영체계 '맥 OS X'에 대해 설명하고 있다.

자금을 댔다.

이렇게 해서 탄생한 작품이 5분짜리 3D 애니메이션 〈틴 토이(Tin Toy)〉로 훗날 〈토이 스토리(Toy Story)〉의 원형이 된다. 또, 이 작품은 1989년 아카데미 단편 애니메이션 부문에서 수상하기도 했다.

이처럼 래스터와의 만남은 스티브 잡스가 영화의 세계로 발을 들여 놓는 계기가 된다.

어떻게 변화하였나?

디즈니와 함께 장편 3D 애니메이션 영화를
세계 최초로 만들 수 있는 기회가 찾아온 것이다.

　스물한 살의 스티브 잡스는 워즈니악이 만들어 놓은 인쇄회로
기판(PCB)의 '애플 I'을 상품화하겠다고 생각하고 자본가를 유치해서
'애플 II'를 성공으로 이끌었다. 그러나 이후 그가 낸 아이디어로 만
들어진 리사, 매킨토시, 넥스트(NeXT), 픽사 컴퓨터 등의 제품들은 모
두 다 실패하고 만다.

　이 모든 실패에는 한 가지 공통점이 있는데, '기술만을 믿고 하드
웨어에 지나치게 치중했다'는 것이다.

　잡스가 아무리 많은 돈을 가지고 있고 거액을 투자받았다고 하더라

도 소비 이상의 수입이 생기지 않으면 적자가 나는 것이 당연하다.

잡스는 픽사(Pixar)에서도 처음에는 대용량의 이미지를 저장할 수 있는 그래픽 컴퓨터를 개발하였다. 이렇게 개발된 픽사 이미지 컴퓨터는 일반 기업에서 쓰기에는 너무 대용량이고 가격도 비쌌다.

그래서 이번에는 의료계로 눈길을 돌렸다. 의료계는 다량의 이미지와 X선과 같은 환자의 자료를 저장할 필요가 있었다. 그러나 병원역시 픽사 이미지 컴퓨터가 너무 비싸서 외면했다.

결국 개발비만 많이 들어간 픽사 컴퓨터의 판매가 부진하였고 경영상태는 날로 악화되었다.

이런 어려운 상황에서 픽사를 먹여 살린 것은 소프트웨어이다. 루카스필름 시절에 소프트웨어 기술자였던 애드 캐트멀(Ed Catmell)이 개발한 '랜더맨(Randerman)'이 판매에 호조를 보였다.

캐트멀이 루카스필름에 몸담고 있던 시절에 자신들의 렌더링 작업을 쉽게 하기 위해 소프트웨어를 개발했는데, 이것이 다른 애니메이션 제작자들에게 인기가 높았던 것이다.

잡스는 애니메이션 제작에 경험이 많고 소프트웨어 기술이 뛰어난 캐트멀을 픽사의 공동 설립자로 인정한 바 있다.

그러나 랜더맨 소프트웨어의 판매만으로 픽사를 운영하기에는 힘이 들었다.

이때 나타난 구세주가 바로 3D 애니메이션 전문가인 존 래스터이다. 래스터의 꿈은 사람 손이 아닌 컴퓨터로 그리는 3D 애니메이션 영화를 만드는 것이었다.

1984년, 래스터는 세계 최대 컴퓨터 애니메이션 페스티벌인 컴퓨터 그래픽 시그라프(Siggragh)에 자신이 만든 3D 애니메이션 데모 필름을 출품한다. 그리고 계속해서 이 페스티벌에 3D 애니메이션을 제작해 출품하며 이 분야에서 최고 권위자로 인정을 받는다.

5분짜리 단편 3D 애니메이션으로 아카데미상을 받은 래스터는 전직장인 디즈니 스튜디오를 찾아간다. 그리고 크리스마스 특집물로 30분짜리 텔레비전 애니메이션을 제작하고 싶다며, 디즈니가 자금을 대서 공동 제작을 하자고 제안한다.

이 제안은 디즈니의 아이스너 회장에게 보고되었고, 디즈니는 더 과감한 역제안을 하기에 이른다.

"30분짜리가 아니라 90분짜리 3D 애니메이션 영화를 픽사가 만들면 디즈니가 자금, 홍보, 배급을 맡겠다."

이 소식에 잡스는 새로운 기회임을 직감했다. 디즈니와 함께 장편

3D 애니메이션 영화를 세계 최초로 만들 수 있는 기회가 찾아온 것이다. 계속된 실패로 자금이 완전히 고갈되어 파산 일보 직전의 상황에서 두 명의 구원투수가 나타난 것이다.

소프트웨어 사업에는 캐트멀이, 콘텐츠 사업에서는 래스터가 하드웨어로 실패한 스티브 잡스를 구하게 되었다.

디즈니의 지도를 받다

스티브 잡스는 디즈니와 같이 작업을 하는 4~5년 동안 기술 못지 않게 감성이 중요하다는 것을 배웠고,
어떻게 스토리 컨셉을 완성해 가는가를 알게 되었다.

만약 스티브 잡스가 기술만 믿고 컴퓨터 사업을 계속 했더라면 그는 이미 모든 사람들에게 잊혀진 인물이 되었을지도 모른다. 그러나 픽사(Pixar)에서 애니메이션 사업으로 방향을 돌리고 디즈니 스튜디오의 지도를 받으면서 사람이 바뀌었다.

사업 성공에 정말 중요한 것은 하드웨어나 소프트웨어가 아니라 사용자, 즉 고객의 경험이며, 그것이 곧 콘텐츠라는 것을 깨닫게 된 것이다.

디즈니 스튜디오에서 자금을 대고 장편 3D 애니메이션 영화를 만

들기로 한 것은 픽사에 엄청난 기회였다.

존 래스터가 감독 겸 수석작가가 되어 〈토이 스토리(Toy Story)〉 제작에 착수했다. 래스터는 몇 개월 동안 줄거리를 구상하고, 스케치를 하고, 샘플 비디오를 찍었다. 이것을 전문용어로 '스토리 릴(Story Reel)'이라고 한다.

그는 이 스토리 릴을 들고 디즈니 스튜디오를 찾아갔다. 디즈니는 이 결과물에 크게 만족하고 4년이 걸릴 수도 있는 3D 애니메이션 영화의 제작에 OK를 했다.

3D 애니메이션 영화는 대략 2백 명 이상의 인원이 투입되어 4~5년 이상을 매달려야 하는 작업이며, 무려 6만 장의 스토리보드(Story Board)가 필요하다. 픽사를 들여다보면 어느 곳이나 스토리보드로 도배해 놓은 것을 볼 수 있다. 시나리오 작가들은 대개의 줄거리를 카드에 메모하여 스토리보드에 붙여 둔다. 애니메이터들도 등장인물과 캐릭터를 스케치하여 스토리보드에 붙여 놓는다.

래스터는 '애니메이터가 되려면 스케치 솜씨만으로는 부족하다'고 강조하며, 애니메이터들은 예술가보다는 배우나 스토리텔러가 되어야 한다고 주장했다.

2백 명 정도의 기술자와 스텝들이 마치 한 사람의 작가가 스토리를 쓰고 그림을 그리듯이 되려면 서로 커뮤니케이션이 잘 되어야 하고 기본 기술을 공유해야 한다.

이에 그는 픽사 내의 모든 직원들이 항시 공부할 수 있도록 사무실과 붙어 있는 곳에 픽사 대학(Pixar University)를 설립했다.

이런 노력이 이어지면서 2년이라는 시간이 흘렀다. 1993년 픽사는 계속해서 영화 제작 상황을 디즈니 스튜디오와 협의했다. 그러나 디즈니 경영진이 〈토이 스토리〉의 중간 리뷰를 해본 결과는 썩 좋지 않았다.

그래서 결국 1993년 11월 17일, 월트 디즈니사는 픽사에 〈토이 스토리〉의 제작 중단을 공식적으로 통보하게 된다. 시나리오 대본이 유치해서 어른들이 같이 볼 만한 가족 애니메이션 영화가 아니라는 이유에서였다.

〈토이 스토리〉의 제작 중단이 세상에 알려지자 픽사는 혼돈에 빠졌고, 잡스는 그의 제국이 완전히 무너지는 듯한 충격을 받았다.

과거의 잡스라면 디즈니에 쳐들어가서 따지고 법정 소송을 하였겠지만 이번에는 차분히 대응했다. 그는 헐리우드에서는 제작 중단이 종종 있는 일이라는 것을 알고 있었다. 또한, 디즈니가 원하는 것이 무엇이며, 그것에 맞게 수정하는 것이 최선의 길이라는 것을 잘 알고 있었다.

래스터는 〈토이 스토리〉의 도입 부분을 수정하고 주인공인 우디의 성격을 보다 감성적으로 바꾸는 등 내용을 보완해서 작업을 다시 했다.

픽사팀은 수정된 해결안을 가지고 디즈니의 경영진을 찾아갔다. 새로운 안을 본 디즈니의 경영진들은 제작 중단을 취소하고 〈토이 스토리〉의 재작업을 허용했다.

잡스는 디즈니와 같이 작업을 하는 4~5년 동안 기술 못지 않게 감성이 중요하다는 것을 배웠고, 어떻게 스토리 컨셉을 완성해 가는가를 알게 되었다.

또한, 2백 명이 넘는 많은 사람들이 스토리보드를 이용하여 원활하게 커뮤니케이션 하고, 픽사 대학을 통해 기술을 공유시키는 방법을 터득하였다.

기술만 가지고 있던 픽사가 스토리의 힘을 알고 있던 디즈니와 만났다. 그리고 어떻게 하면 고객(관중)의 마음을 움직일 수 있는지를 배우고, 그들과의 협력을 통해 최고의 작품을 만들어냄으로써 협력정신을 가슴 깊이 새기게 된 것이다.

Chapter 4

완전히 다른 픽사(Pixar) 문화

픽사는 하나의 공동체 의식을 강조한다.
직원 간에 서로 영속적인 관계를 중요하게 여기고 기술과 아이디어를 공유한다.

스티브 잡스가 처음으로 픽사를 세울 때부터 40여 명의 픽사 직원들은 일반 회사의 직원들과는 사뭇 달랐다. 점심 무렵에 출근해서 자정 무렵까지 일하는 직원이 적지 않았다.

그러나 이들은 영화 제작에 최첨단을 달리는 사람들이다. 이들은 다른 사람이 한계를 규정한 틀 안에 안주하지 않고 스스로 그것을 뚫고 나가는 진취적인 인물들이다.

잡스도 공동 설립자인 애드 캐트멀에게 경영을 맡기고 드물게만 모습을 나타냈다. 충분히 자율권을 준 상태에서 자신의 비전과 아이디어를 전하는 방식을 취한 것이었다.

"픽사의 비전은 이야기를 만들고 진짜 영화를 만드는 것이다. 우리의 꿈은 순전히 컴퓨터 합성 기술로 배경과 캐릭터를 만들어내는 세계 최초의 장편 애니메이션 영화를 만드는 것이다."

픽사를 설립한 1986년만 해도 이런 비전은 꿈에 불과한 것이었다. 그러나 10년이 채 안 되어 1995년에 세계 최초의 3D 애니메이션 영화인 <토이 스토리>가 개봉되었다. 애니메이션 영화의 최강자인 디즈니 스튜디오가 단독으로 해내지 못했던 일을 픽사가 해낼 수 있었던 것은 협력 창의성 때문이다.

픽사에서 가장 소중히 여기는 자원은 창의적인 사람이다. 회사의 경영진이나 개발 부서가 아니라 영화제작 현장에 있는 창의적인 인재가 특별한 것을 만들어낸다는 것을 알았다.

그래서 픽사는 우수한 창의력을 지닌 인재들을 발굴하여 전폭적인 지지와 자유롭게 진행할 권리를 주고 모든 사람들로부터 솔직한 피드백을 받을 수 있는 환경을 제공한다.

또, 픽사는 하나의 공동체 의식을 강조한다. 직원 간에 서로 영속적인 관계를 중요하게 여기고 기술과 아이디어를 공유한다. 경영진의 역할은 위험을 예방하는 것이 아니라 실패가 발생했을 시에 회복할 수 있는 역량을 길러주는 것이다.

픽사가 다른 영화사와 차별화되는 요소는 직위 고하를 막론하고 직원들이 서로 돕는 문화이다. 직원들은 누구나 다른 직원들이 최고의 성과를 낼 수 있도록 도와줄 자세가 되어 있다.

또한, 픽사에는 다른 조직에 없는 '두뇌위원회(Creative Brain Trust)'라는 것이 있다. 이 두뇌위원회는 픽사의 최고 창조경영자(Chief Creative Officer)인 래스터 감독을 비롯하여 최고의 경력을 가진 여덟 명의 감독으로 구성되어 있다.

픽사 내에 있는 감독과 제작자는 도움이 필요하다고 생각되면 언제든 두뇌위원회의 소집을 요청할 수 있다.

두뇌위원회가 소집되면 자신이 현재 제작하고 있는 영화의 진행 상황을 보고한다. 그리고 좀 더 좋고 재미있는 영화를 만들기 위해 어떤 스토리와 아이디어를 추가하면 좋을지에 대해 2시간 동안 토의한다.

영화 제작자들은 영화 출시 후에 실패하는 것보다 사전에 충분히 조언을 받아서 고칠 수 있는 것이 더 효과적이라는 것에 전적으로 동의한다.

두뇌위원회는 픽사의 첫 작품인 〈토이 스토리〉의 제작 때부터 구성되었으며, 이 위원회를 통해 〈니모를 찾아서〉, 〈인크레더블〉과 같은 수많은 히트 작품이 다듬어졌다.

또한, 픽사에는 '일일 리뷰 회의' 문화가 형성되어 있어서 동료 입장에서 함께 모여 협력하는 것이 무척 자연스러운 일이다.

이는 디즈니와 루카스필름의 특수효과 제작업체인 인더스트리얼 라이트&매직(ILM)에서 벤치마킹하여 도입한 제도이다. 감독, 제작자, 기술자, 스텝들이 모인 자리에서 완성되지 않은 애니메이션을 관람하면서 자유롭게 의견을 토로하는 자리이다.

잡스는 새로운 사옥을 지으면서 픽사만의 독특한 건물 구조를 설계사에게 부탁했다.

사옥은 여러 건물로 이루어지지만 건물들이 연결되는 중앙에 카페테리아, 회의실, 화장실, 우편함을 배치하도록 하였다.

이로써 서로 다른 부서의 사람들이 점심식사를 하러 가며 얼굴을 볼 수 있게 하고, 화장실을 들락거리거나 우편물을 찾으러 가며 서로 만날 수 있도록 한 것이다.

특히, 모두가 끊임없이 공부하여야 한다는 것을 강조하는 픽사는 픽사 대학을 사무공간과 같은 장소에 마련했다.

　모든 직원은 일주일에 4시간 이상씩 픽사 대학에서 공부해야 한다. 픽사 대학은 110개의 과정이 운영되고 있으며 수준은 스탠포드 대학과 맞먹을 정도라고 한다.

　클래스에는 사장에서부터 제작자들이 함께 참가할 수 있으며 항상 원활한 소통이 이루어지도록 커리큘럼이 짜여 있다.

Chapter 5

남의 말을 들으니 아카데미상을 타게 되다

"두 가지 문화, 즉 기술과 창조성을 결합시키는 데 우리는 10년을 보냈어요."

〈토이 스토리〉를 제작하면서 스티브 잡스는 새로운 감성세계를 경험하게 된다. 그리고 이 경험은 그에게 경영 방식의 변화를 일깨워준 계기가 되었다.

래스터는 뛰어난 애니메이터가 되려면 스케치 솜씨만으로는 부족하다는 것을 알았다. 픽사에서는 애니메이터에게 예술가보다는 배우가 될 것을 강조한다. 생생한 캐릭터를 시각적으로 보여주기 위해서는 무엇보다 섬세한 감성을 표현하는 연기력이 필요하다는 것이다.

픽사는 그런 능력을 키우기 위해 모형 제작 기술, 조명 기술, 즉흥

연기술, 컴퓨터그래픽 등을 가르치는 '픽사 대학'을 설립했다. 그리고 컴퓨터그래픽이 주는 딱딱함을 해소하기 위해 주인공의 목소리 역으로 톱스타 톰 행크스를 캐스팅했다.

그런데 픽사에 중대 위기가 닥쳤다. 디즈니 쪽에서 대본이 너무 유치하니 어른도 즐길 수 있도록 스토리를 고치든가 아니면 제작을 중단하라고 공식 통보해온 것이다. 잡스는 래스터와 함께 디즈니가 만족할 수 있도록 시나리오를 수정했다. 그리고 간신히 수정된 시나리오가 통과되어서 제작이 재개되었다.

〈토이 스토리〉를 제작한 4년 동안 픽사가 디즈니로부터 제작비를 지원받기는 했지만, 픽사의 재정상태는 극도로 악화되어 있었다. 심지어 마이크로소프트를 비롯한 몇몇 회사와 매각을 추진하기도 했을 정도였다.

1995년 드디어 개봉 날짜가 정해졌다. 부모들이 자녀들과 함께 영화관을 많이 찾는 크리스마스 시즌을 겨냥한다는 전략이었다.

〈토이 스토리〉는 엄청난 성공을 거두었다. 개봉 첫 주에만 제작비와 맞먹는 2천9백만 달러의 수입을 올렸다. 영화는 그해의 최고 흥행작이 되었고 세계 전역에서 2억5천만 달러 이상을 벌어들였다. 여기에 비디오 판권으로 1억 달러가 추가로 들어왔으며, 총수입은 3억5천

8백만 달러에 이르렀다.

픽사의 성공은 애플의 설립을 가능케 했던 두 가지 요소의 만남에서 비롯되었다고 해도 과언이 아니다. 그것은 바로 창조성과 기술의 결합이다.

1996년 2월 정보기술 전문지 『레드헤링(Red Herring)』과의 인터뷰에서 잡스는 이렇게 말했다.

"많은 사람들이 이 분야에서 일하려고 합니다. 그러나 이 분야에 진출하기 위해서는 중요한 장애물이 있습니다.

첫 번째는 창조성이고, 두 번째는 기술입니다. 픽사는 기술을 사들여 만들어진 회사가 아닙니다. 지난 10년간 말 그대로 무에서 유를 창조해야 했지요. 우리는 10년간 쌓아올린 우리만의 소프트웨어를 가지고 있고 현재로선 그에 견줄 만한 것을 찾을 수 없을 겁니다.

반면, 디즈니는 창조적이긴 하지만 기술이 없지요. 누구도 그 기술을 픽사에서 가져갈 수 없어요. 라이선스나 구매의 형태로도 말이죠. 디즈니도 못 가져갑니다.

세 번째 장애물은 이 둘의 결합이죠. 이 두 가지 문화, 즉 기술과 창조성을 결합시키는 데 우리는 10년을 보냈어요. 이건 매우 어려운 일입니다. 어떻게 하면 이를 해낼 수 있을까를 연구하는 데에만 10년이라는 긴 시간을 투자한 겁니다. 아마 어느 누구도 그걸 시도해본 적은 없을 겁니다."

스티브 잡스는 디즈니와 함께 〈토이 스토리〉를 공동 제작하는 4년 동안 많은 것을 배웠다. 우선 히트 상품을 만들기 위해서는 누구를 목표 고객으로 하여 어떤 메시지를 전달할 것인가라는 컨셉 기획이 우선되어야 한다는 것을 배웠다.

또한, 어린이와 여성 고객의 마음을 움직이기 위해서는 기술보다 감성이 더 중요하다는 것을 깨달았다.

4년 동안 디자인과 그래픽의 세계 속에 살면서 디자인은 기술을 표현하는 또 다른 언어라는 것을 깨닫게 된 것은 그야말로 엄청난 성과였다. 디즈니와의 만남을 통해 우뇌 중심적인 감성의 세계를 배운 것이다.

이것은 매킨토시를 처음 개발할 당시 기술과 제품의 우수성만을 생각했을 때와는 전혀 다른 경험이었다. 매킨토시 때 좌뇌 경영을 했다면 디즈니에서는 우뇌 경영을 한 셈이다.

창조적인 경영을 하기 위해서는 좌뇌와 우뇌를 같이 사용하는 전뇌적 사고(Whole brain thinking)가 필요하다는 것을 뼈아픈 실패를 통해 배웠던 것이다.

  1995년 11월에 픽사의 주식이 공개되었다. 〈토이 스토리〉가 개봉된 지 일주일만이었다. 주가는 한 주당 39달러에 마감되었고, 잡스는 다시 억만장자가 되었다.

Part 4

다르게 생각하면
길이 보인다
(애플의 문제해결)

Chapter 1

썩어가는 애플

존 스컬리, 마이클 스핀들러, 길 아멜리오
이렇게 세 명의 CEO를 교체하는 동안 애플은 점점 더 썩어가고 있었다.

애플은 경영이 어려워지자 화려한 경력을 가진 CEO를 외부에서 영입했다.

첫 대상은 펩시콜라 회장이었던 존 스컬리다. 그는 소비 제품의 마케팅과 아날로그 기업의 경영자로 컴퓨터나 첨단 산업에 대한 이해가 깊은 사람은 아니었다.

자료상으로는 경영 실적이 우수하고 리더십이 뛰어난 것 같지만, 그가 몸담았던 분야는 제품의 변화가 별로 없고 리더십에 있어서도 대부분 조직사회에 잘 적응한 사람을 다룬 경험이 전부였다.

그는 겉보기에 화려한 경력의 소유자였을 뿐 애플에 합류한 뒤 보여준 바로는 기술에 대한 이해도가 낮은 데다 항상 스티브 잡스와 갈등을 빚었다.

그는 잭 웰치가 한 것처럼 실적이 나쁜 사람들을 솎아냈고, 결국 창업자인 잡스를 애플에서 축출시켰다. 그후 경영의 전권을 장악했지만 경영실적은 계속 내리막길을 걷는다.

이렇게 만들어진 새로운 애플 경영진은 '컴퓨터 역사상 가장 큰 전략적 실책'으로 평가되는 치명적인 실수를 저지른다.

애플은 당시 운영체제 분야에서는 유일하게 그래픽 인터페이스를 갖춘 운영체계(OS)로 남들보다 크게 앞서 있었다. 애플이 만약 맥 운영체계(OS)를 다른 업체에 라이선스했다면, 애플은 아마도 오늘날 마이크로소프트가 오른 위치, 즉 개인용 컴퓨터 업계의 세계 1인자가 될 수 있는 소프트웨어를 갖추었을 것이다.

그런데 애플의 새로운 경영자들은 애플의 본질은 컴퓨터 제조회사이며, 컴퓨터는 전략상 하드웨어가 운영체계보다 더 중요하다고 판단했다. 결국 애플은 기회를 놓쳐 버렸고 이후 마이크로소프트의 독점에 밀려 외로운 길을 가게 된다.

1985년 6월, 빌 게이츠는 애플의 CEO인 존 스컬리와 PC 책임자인장 루이 가세에게 보낸 역사적인 메모에서 애플의 맥 운영체계(OS)를 라이선스할 것을 권유한다. 그는 이 메모에서 "애플은 매킨토시를 표준으로 만들어야 합니다"라고 지적하고 있다. 빌 게이츠는 맥 운영체계(OS)의 라이선스에 관심을 가질 만한 컴퓨터 회사들의 명단까지 보내주었다.

이 문제는 애플 운영진 내부에서 격론을 불러일으켰다. 하지만 이 사회 구성원들은 라이선스에 반대하였다. 10여 년이 지난 후에야 애플은 맥 운영체계(OS) 라이선스를 시도하게 되는데, 그때는 이미 마이크로소프트의 윈도우가 전 세계를 휩쓴 뒤였다.

1995년, 애플의 상황은 실로 절망적이었다. 비즈니스 세계는 성능이 훨씬 향상된 마이크로소프트의 윈도우를 운영체계로 채택한 최신형 IBM PC가 장악했고, 애플은 추락에 추락을 거듭할 수밖에 없었다. 하드웨어 분야에서도 이미 IBM이 시장을 선점하고 있었고, 애플은 가격 경쟁에서 완전히 밀려났다.

존 스컬리의 취임 이후 애플의 시장 점유율이 20퍼센트에서 8퍼센트로 하락하자, 결국 그는 1993년에 CEO 자리에서 물러나야 했다.

애플의 새로운 구원투수로 등장한 인물은 마이클 스핀들러(Michael

Spindler)였다. 그는 애플의 유럽 지역 사장이었으며 영업실적이 우수한 독일인으로, 스컬리가 추천한 사람이었다. 이사회는 스컬리의 리더십이 실패하자 스핀들러를 후임자로 선임하지만 이것 역시 잘못된 결정이었다.

과묵한 성격의 스핀들러는 경영분석가로 뛰어났고, '디젤(Diesel)'이라는 별명답게 하루에 열여덟 시간이나 일하는 건실한 일꾼이었다. 하지만 소비자의 마음을 사로잡는 데는 재능이 없었다. 그는 애플을 구할 수 있는 건 오직 구조조정과 합병뿐이라고 생각하고 몇몇 회사에 의사를 타진했다.

필립스와 선마이크로시스템스 등이 흥미를 보였는데, 워크스테이션 부문에서는 강했지만 전문적인 영역이라는 수익의 한계를 가진 선마이크로시스템스 쪽에서 더 큰 관심을 나타냈다.

1996년 초 애플을 선마이크로시스템스에 넘기는 계약이 성사되기 직전, 공교롭게도 애플의 수익보고서가 발표되었다. 거기에는 애플의 나쁜 경영실적이 그대로 나타났다. 선마이크로시스템스의 최고 경영자 스콧 맥닐리(Scott McNealy)는 애플의 나쁜 경영실적에 충격을 받고 합병계획을 포기한다.

애플 이사회는 다시 새로운 CEO를 물색하였다. 새로운 후보는 길 아멜리오(Gil Amelio)였다. 그는 물리학 박사이자 경영자로서 그가 저술한 『경험에서 얻은 이익(Profit from Experience)』라는 책은 베스트셀러가 되었고 미국 경영서상 후보에 오르기도 했다.

아멜리오는 무기 및 항공우주산업체인 로크웰 인터내셔널(Rockwell International)에서 초고속으로 승진했으며, 40대에 내셔널세미컨덕터의 사장 및 CEO로 임명된 인물이었다.

그는 내셔널세미컨덕터가 5억 달러에 이르는 적자를 기록하면서 바닥에서 허우적거릴 때 CEO로 취임하여 3년 만에 경영진을 물갈이하고 이익이 없는 생산라인을 걷어치웠다. 그리고 잭 웰치의 경영방식을 총동원하여 회사에 기록적인 수익을 안겨주면서 월스트리트의 영웅으로 떠올랐다.

이러한 경력을 가진 아멜리오는 애플의 CEO로 취임 후 연봉 3백만 달러와 융자금 5백만 달러, 시간당 1천 달러 가량의 전용 비행기 사용료를 받기로 했다. 그리고 그는 내셔널세미컨덕터 시절에 알았던 일급 참모들을 데려와 조직을 장악하려 했다.

하지만 그가 도입한 명령하고 통제하는 낡은 관리 기법은 사태를 더욱 악화시켰고, 직원들의 불안감을 부채질했을 뿐이었다.

아멜리오는 직원들의 신뢰를 얻지 못했고 고위 간부진은 누구랄 것도 없이 새로운 CEO에 대한 충성심이 없었다. 이런 상황에서 뾰족한 대안도 없이 1년 정도 고군분투를 하던 그도 결국 자리에서 물러날 수밖에 없었다.

존 스컬리, 마이클 스핀들러, 길 아멜리오 이렇게 세 명의 CEO를 교체하는 동안 애플은 점점 더 썩어가고 있었다.

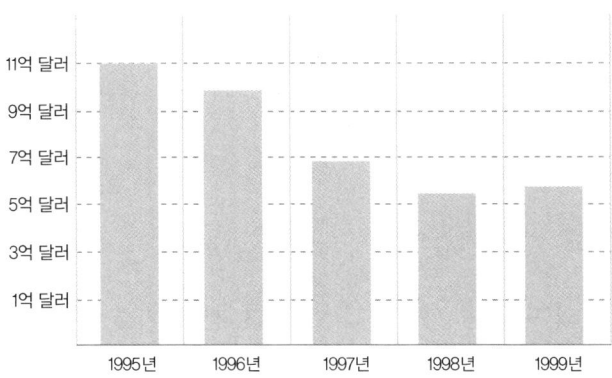

Chapter 2

왕의 귀환

스티브 잡스는 새로운 소프트웨어와 넥스트컴퓨터의 3백 명의 엔지니어를 데리고
자신을 내쳤던 애플로 당당히 복귀하게 된다.

애플의 3대 CEO가 된 길 아멜리오는 새로운 소프트웨어의 개발
없이는 애플의 회생이 어렵다고 생각했다. 핵심 기술 인력은 이미 회
사를 떠났고, 남아 있는 직원들은 자신감을 잃은 상태였다. 그는 외부
에서 새로운 운영체제를 찾아보기로 하고 선마이크로시스템스와 마
이크로소프트를 접촉했다.

빌 게이츠는 윈도우 NT를 새로운 애플 운영체제로 전환할 것을 제
안했다. 빌 게이츠가 필요로 하는 것은 돈이 아니라 애플의 유저 인터
페이스였다. 마이크로소프트의 윈도우에 매킨토시 운영체제를 더하

면 독특한 매력을 가진 훌륭한 가치를 만들 수 있기 때문이었다.

빌 게이츠의 제안에 구미가 당기기는 했지만, 마이크로소프트와 거래할 경우 애플 마니아를 비롯해 직원과 주주들로부터 거센 비난을 받을 게 뻔했기 때문에 선뜻 수락할 수는 없었다.

애플이 새로운 운영체제(OS)를 외부에서 도입하는 것을 검토한다는 소식은 스티브 잡스에게도 전해졌다.

그는 당장 부하 엔지니어를 애플에 보내 자세한 내용을 파악하고 넥스트의 참여 가능성을 알아보았다. 그리고 만반의 준비를 갖춘 후 애플의 CEO인 길 아멜리오를 만나서 넥스트가 훌륭한 운영체제임을 제안했다.

아멜리오는 사내 전문가를 불러 토론을 열었다. 마이크로소프트와 선마이크로시스템스, 넥스트의 소프트웨어를 채택할 경우 각각의 득실을 평가하기 위한 자리였다.

기술팀이 고안한 점수 계산법에 따라 넥스트가 최고 점수를 얻었고, 아멜리오가 내린 결론도 이와 비슷했다. 곧이어 넥스트 인수를 위한 협상이 벌어졌다. 아멜리오가 잡스에게 말했다.

"주당 10달러라면 이사진을 설득할 방법이 있습니다. 그 이상은 통하지 않을 겁니다."

잡스는 동의했다. 1주일 안에 이사회는 현금 3억7,750만 달러와 애플 주식 150만 주로 넥스트 인수를 승인했다. 현금은 넥스트의 투자자들에게 배분되었고, 주식은 모두 잡스가 가져갔다.

아멜리오는 그를 '특별 고문'으로 임명했다. 그리고 애플 초창기 시절의 활기와 영광과 열정을 되찾기를 바라면서 위즈니악에게도 비슷한 명예직을 수락하도록 설득했다.

잡스는 새로운 소프트웨어와 넥스트컴퓨터의 3백 명의 엔지니어를 데리고 자신을 내쳤던 애플로 당당히 복귀하게 된다. 애플에서 축출된 지 13년 만에 왕(王)이 귀환한 것이었다.

Chapter 3

아이팟(iPod)의 탄생

"독창적인 기능과 사용법이 간편한 제품을 만들어 달라."

스티브 잡스는 복귀 후 매킨토시를 다시 살려내어 회사가 흑자
로 돌아서자 새로운 사업을 찾았다.

그는 음악 시장 전반을 찬찬히 훑어보기 시작했다. 디지털 음악 시
장은 이미 형성되어 있는 것처럼 보였지만 소비자들의 반응은 생각만
큼 신통치 않았다. 직원들이 잡스에게 시장 현황을 보여주었다. MP3
플레이어의 판매는 지지부진했다. 어째서 더 많이 팔리지 않는 것일까?

기존의 MP3는 아날로그 기기인 카세트레코더나 CD 플레이어를 작
게 만들었다는 것 외에는 그다지 큰 차이가 없었다. 오히려 아날로그

세대로서는 디지털화된 기기 조작방법을 어려워한다는 단점이 있었다.

애플의 부사장 그레그 조스위악(Greg Joswiak)은 이 상황을 간단명료하게 분석했다.

"시장에 나와 있는 MP3 플레이어들을 보면 가전제품 회사들도 소프트웨어에 대해선 잘 모르는 것 같습니다."

잡스는 스스로 질문을 해보았다.

"기존의 MP3 업체들은 어째서 MP3를 음악기기로만 생각할까?"

그것은 초기에 MP3 제조업체들이 카세트레코더나 CD 플레이어의 대체품으로만 생각했기 때문이다. 그래서 그들은 MP3 플레이어에 카세트레코더가 가지고 있는 재생, 녹음, FM 라디오 기능을 집어넣은 상태에서 크기만 줄이고자 했을 것이다.

잡스는 다시 물었다.

"MP3는 꼭 이렇게 만들어야 하는 것일까?"

순간 그의 머릿속에 새로운 생각이 떠올랐다.

"MP3는 음악기기이기도 하지만 디지털 IT기기이기도 하다. 지금까지의 MP3와는 다른 디지털 뮤직 시스템을 만들자. 비틀스가 완전히 새로운 음악을 들고 나왔듯이 우리도 이전의 MP3와는 차이가 나면서 대중들의 사랑을 받을 수 있는 제품을 만들자."

이 창조적인 발상이 아이팟(iPod)을 기존의 제품과는 전혀 다른 디지털 뮤직 시스템으로 탄생시켰다.

애플은 이미 아이튠스(iTunes)라는 MP3 다운로드 소프트웨어를 가지고 있었다. 잡스는 이번에는 이렇게 생각했다.

'음반가게에 직접 찾아가서 CD를 사지 않고도 인터넷을 이용하여 고음질의 음악을 구입할 수 있고 그것을 직접 저장하여 들을 수 있다면 얼마나 멋진 일인가?'

문제는 어디서 어떻게 MP3 플레이어를 만들 것인가였다. 애플은 몇 천 달러, 몇 만 달러짜리의 PC는 만들어 보았지만, 몇 백 달러짜리의 손안에 들어가는 기기는 만들어 본 적이 없었다. 그런데 애플이 MP3 플레이어를 만들 수 있는 기회는 의외로 쉽게 찾아왔다.

필립스에서 몇몇 제품을 개발한 적이 있는 하드웨어 기술자 토니 파델(Tony Fadell)이 제 발로 애플을 찾아온 것이었다. 그는 필립스를 그만두고 혼자 독립할 생각으로 이곳저곳을 돌아다니며 사업처를 알아보고 있었다. 몇몇 회사에 의사를 전했으나 어느 곳에서도 확답을 받지 못하고 있던 중이었다.

파델이 보여 준 설계도는 애플이 찾고 있던 바로 그 아이디어였다. 잡스는 기회가 왔다고 생각하고 즉시 하드웨어 부문의 책임자 존 루빈스타인(John Rubinstein)에게 MP3 프로젝트를 맡겼다. 파델이 이미 개발 작업의 상당 부분을 진척시켜 놓았기 때문에 애플로서는 시동을 걸어주기만 하면 되었다.

애플은 파델에게 영입 제안을 했다. 곧바로 30명 가량의 개발팀이 구성되었다. 잡스는 그들에게 "독창적인 기능과 사용법이 간편한 제품을 만들어 달라"고 주문했다.

또한 크리스마스 휴가철까지 제품을 완성해줄 것을 요청했다. 9개월 밖에 남지 않은 급박한 시한이었다. 잡스는 제품 개발의 컨셉과 방향을 제시했다.

- 지금까지 시장에 나와 있는 MP3는 모두 잊어라.
- 음악 애호가들이 진정으로 가지고 싶어 할 아이콘 제품을 만들자.
- 몇 백 곡의 노래를 담을 수 있는 음악의 바다를 만들자.
- 두께는 얇게 하고 디스플레이 화면을 키우자.
- 넓은 화면에 사용자 인터페이스를 강화하여 사용자와 화면을 통해 대화하도록 하자.
- 매킨토시 PC의 마우스 기능처럼 디지털 환경에 익숙하지 않은 사람들도 쉽게 조작할 수 있도록 휠 마우스를 도입하자.

Chapter 4

자신이 만든 룰(Rule)을 파괴하라

애플은 포탈 플레이어가 이미 설계해 놓은 플랫폼에
이 부품들을 레고 블록을 조립하듯 작고 콤팩트하게 디자인했다.

2001년 봄에 토니 파델이 이끄는 개발팀은 아이팟의 컨셉과 디자인은 내부에서 하되, 기술 개발은 외주를 맡기는 방법을 택했다. 주요 회로와 메카니컬 설계 등의 개발 플랫폼(Platform)을 포탈 플레이어(Portal player)라는 휴대용 오디오 전문 회사에 외주를 주고, 그 회사의 기술을 사용료를 주고 샀다.

이미 전문 업체에서 개발된 플랫폼을 선택함으로써 애플은 제품의 소형화, 부품의 선택, 유저 인터페이스 부분에서 많은 시간을 절약할 수 있었다.

아이팟에서 채택된 대부분의 부품은 이미 시장에서 쉽게 구할 수 있는 제품들이었다. 하드디스크 드라이브는 1.8인치짜리의 도시바 제품이고, 얇은 충전용 건전지는 소니에서 구입한 것이었으며, 주요 전자 부품은 텍사스 인스트루먼트(TI)와 샤프전자 제품이었다. 그리고 MP3 파일을 소리로 바꾸는 디지털 아날로그(D-A) 변환기는 스코틀랜드의 울프슨 마이크로사의 제품들이었다.

애플은 포탈 플레이어가 이미 설계해 놓은 플랫폼에 이 부품들을 레고 블록을 조립하듯 작고 콤팩트하게 디자인했다. 가장 작고, 가장 적은 전력을 소모하며, 최고의 오디오 기능을 발휘하도록 만들었다. 아이팟 내부를 X레이로 촬영해 보면 부품들이 조밀하게 한데 모여 있고 공기가 들어갈 틈이 없을 정도로 촘촘하다.

하드웨어 개발 못지 않게 중요한 것은 아이팟 내부에 들어갈 소프트웨어를 개발하는 일이었다. 소프트웨어를 초기에 개발한 회사도 실리콘밸리에 있는 벤처기업인 픽소(Pixo)이다.

픽소는 애플의 개발 엔지니어였던 폴 머서가 설립한 회사로 휴대폰용 소프트웨어를 개발하고 있었다. 픽소는 아이팟 화면의 그래픽 기능, 메모리 관리, 데이터베이스 기능들을 개발했으며, 데이터 파일을 이용해서 연락처, 달력, 스케줄 관리와 같은 애플리케이션을 개발했다.

아이팟의 화면 구성이 휴대폰의 화면 구성과 비슷한 점도 픽소의 영향을 받은 것이다. 스크롤이 가능한 아티스트, 노래, 장르 메뉴 등의 세련된 인터페이스를 개발했다.

애플은 음질을 높이고 인터넷과의 연결을 쉽게 하는 기능은 강화했지만, 작고 얇은 디자인을 위해 제거한 것도 많았다. 우선 선택된 것이 건전지였다. MP3 기기의 사용자들을 조사해 보니 대부분 인터넷에 접속하여 음악을 다운 받았다. 그렇다면 음악을 다운 받는 동안 충전을 하게 해서 건전지를 없애자는 생각을 하게 된 것이다.

MP3 기기의 두께가 두꺼운 이유는 건전지 크기 때문이므로 건전지를 제거시키면 두께가 획기적으로 줄어들 수 있다. 대신 얇은 충전용 건전지를 내장하여 한 번 충전에 열 시간 정도 사용할 수 있도록 함으로써 사용에 불편이 없도록 했다.

다음으로 제거한 것은 FM 라디오 기능이다. 노래를 좋아하는 사람은 FM 라디오보다는 자기가 좋아하는 노래를 많이 저장하기를 원한다는 것에 초점을 맞춘 것이었다. FM 라디오 기능을 포함하면 크기도 커지지만 개발의 복잡성으로 컨셉에 혼선이 올 수 있다는 문제를 해결한 셈이다.

또 하나 제거한 기능은 녹음이다. 이는 많은 MP3 기기가 녹음 기능을 지원하고 있지만 실제로 MP3를 이용해서 녹음을 하는 사람은 별로 없다는 것에 착안한 것이었다. 또한, 마이크 연결이 쉽지 않아서 녹음이 신통치 않다는 것도 이 기능을 제거한 이유가 되었다.

◆ 기존 MP3 플레이어에서 제거한 것과 추가한 것

제거한 것	녹음 기능	제 거
	FM 기능	제 거
	건전지	충전용 건전지로 대체
추가한 것	메모리 용량	30기가
	디자인	화면을 크게 하였다
	소프트웨어	다운로드를 쉽게 했다
	휠 마우스	조작성을 쉽게 했다

rrent generation iPods

맥월드 회의 개막 기조연설을 하고 있는 스티브 잡스

Chapter 5
다른 사람을 인정하라

"디자인은 디자이너에게 맡기고, 엔지니어는 그 디자인에 맞게 제품을 만든다."

스티브 잡스가 픽사를 거쳐서 다시 애플에 복귀했을 때는 생각
이 많이 달라져 있었다.

모든 혁신의 중심을 디자인에 둔 그는 "디자인은 디자이너에게 맡기
고, 엔지니어는 그 디자인에 맞게 제품을 만든다"는 처방을 제시했다.
고질적인 기술 집착에서 벗어나 시장 대응 관점에서 디자인이 애플 혁
신의 중심점으로 자리잡게 된 것이었다.

기술 발달로 제품의 기능과 품질이 엇비슷해지면서 디자인이 소비
자의 선택을 좌우하는 가장 중요한 요소가 되었음을 간파했던 것이

다. 이를 위해 애플은 전문가에게 디자인 개발의 전폭적인 재량권을 부여했다.

'CDO(최고 디자인 경영자)'라는 직위까지 두어 전문성과 독립성을 보장한 애플은 다른 어떤 기업보다도 차별화되고 매력적인 디자인의 제품들을 시장에 내놓으며 연이은 성공을 거두게 된다.

애플의 디자인 주역은 영국의 태저린 디자인회사 출신인 '조너선 아이브'로, 모니터와 본체를 하나로 만든 아이맥과 작은 반구형의 새 아이맥 등이 그의 대표적인 히트작이다. 특히 그는 우아하고 세련된 디자인으로 아이팟을 심플하게 그려냈다.

잡스는 그를 '천만금을 주고도 바꾸지 않을 사람'이라고 극찬하고 디자인 담당 부사장에 임명했다.

조너선 아이브는 애플 최초의 노트북 컴퓨터인 파워북의 디자인을 설계했을 때 이렇게 말했다.

"사람들의 기대치가 너무 높다. 두려울 정도다."

그는 높은 기대치를 만족시켜야 했다.

"처음부터 우리는 제품이 자연스럽고 심플해 보이기를 바랐다. 인위적으로 꾸민 흔적이 보이지 않을 만큼 군더더기 없이 깔끔한 디자인을 원했다."

기술 설계를 마친 다음에 디자인을 하는 것이 아니라 먼저 디자인을 하고 그 안에 기술을 담았다. 고객을 감동시킬 디자인을 만들고 유저 인터페이스(User Interface)를 어떻게 할 것인가를 기술팀과 협의한 것이다. 조너선 아이브는 CDO로서 이 모든 과정을 총괄 지휘했다.

2001년 10월 중순에 애플은 기자들과 애플 마니아들에게 '획기적인 디지털 신제품 발표'의 초대장을 보낸다. 그러나 디지털 신제품이 무엇인지는 쓰여지지 않았다. 다만 '힌트, 이것은 맥(Mac)이 아닙니다'라고 쓰여 있을 뿐이었다. 잡스는 신제품이 출시되기 전에는 신제품에 대해 철저히 보안을 유지했다.

10월 23일 아침, 실리콘밸리의 중앙에 있는 애플 본사의 컨퍼런스 룸에는 2백 명의 기자와 전문가들이 참석했다. 잡스는 그의 트레이드마크인 검정색 터틀넥 셔츠와 청바지를 입고 무대에 등장했다.

"오늘 여러분을 위해 깜짝 놀랄 만한 것을 준비했습니다. 우리가 선택한 영역은 음악입니다. 왜 음악일까요? 우리는 음악을 좋아하고, 또 일을 할 때도 기분을 좋아지게 하니까요. 음악 시장은 거대합니다. 국경이 없지요. 시장 선점자도 없습니다. 아직도 디지털 음악으로 성공하는 방법을 발견한 사람은 없습니다."

그는 디지털 음악이라는 신대륙을 발견한 것이다.

"우리는 디지털 음악의 새로운 시장을 찾아냈습니다. 게다가 우리 애플 브랜드는 이 점에 있어 강점을 가졌다고 생각합니다."

그는 청바지의 뒷주머니에서 트럼프 카드 박스 만한 하얀 박스 하나를 꺼냈다. 그리고 하드디스크형의 뮤직플레이어를 소개한다고 외쳤다. 그것이 바로 아이팟(iPod)이었다.

◆ 스티브 잡스의 변화된 모습

축출 전	컴백 후
기술 위주	기술 + 감성
내부 기술	외부 협력
컴퓨터에 집착	시장니즈에 적응
차별화	차별화와 공유

Part 4 다르게 생각하면 길이 보인다 (애플의 문제해결)

Chapter 6
전 세계를 생산기지로 이용하라

MP3 플레이어를 개발할 때에는 과감히 방법을 바꾸었다.

제품 설계에서 가장 어려운 점은 성능과 작은 크기를 동시에
만족시키면서 건전지가 너무 빨리 닳지 않도록 전력 소모량을 줄이는
것이었다.

그러나 거의 불가능할 정도로 빠듯한 일정 탓에 주문형 컴퓨터 칩
을 준비할 시간이 없었고, 외주를 맡겼다.

설계자들이 모든 부품을 직접 개발해 가면서 작업을 진행했다면,
음질도 더 좋고 더 가볍고 건전지 지속시간도 긴 제품이 나왔을지도
모른다. 하지만 어쨌든 그들은 비록 기성 부품을 이용했지만 썩 괜찮

은 제품을 만들어냈다.

매킨토시 개발 시절에는 스티브 잡스가 워낙 외부 기술을 불신한 탓에 모든 것을 애플 내부에서 개발했다. 만약 내부 기술진이 어떤 문제를 해결하지 못할 경우가 발생하면 답을 찾을 수 있는 기술자를 고용했다. 외주는 절대 불가였다.

그러나 MP3 플레이어를 개발할 때에는 과감히 방법을 바꾸었다. 루빈스타인과 파델은 아이팟(iPod)를 개발하면서 매킨토시 때와는 다른 방법을 채택했다.

애플은 음향기기에 대한 기술을 가지고 있지 않을 뿐만 아니라 전문가조차도 없었다.

이런 상황에서 빠른 시간 내에 제품을 개발하려면 핵심 컨셉과 디자인만 내부에서 결정하고, 기술적인 부분은 전문 기업에 개발을 맡기는 방법이 최선이었다.

과거에는 모든 것을 내부에서 개발하는 기술 오만 방식을 고집했다면, 이번에는 외부에서 이미 만들어진 플랫폼과 부품을 사용하고 전문가의 도움을 받는 네트워킹(Networking) 개발법을 택한 것이었다.

C & D (Connect & Development)

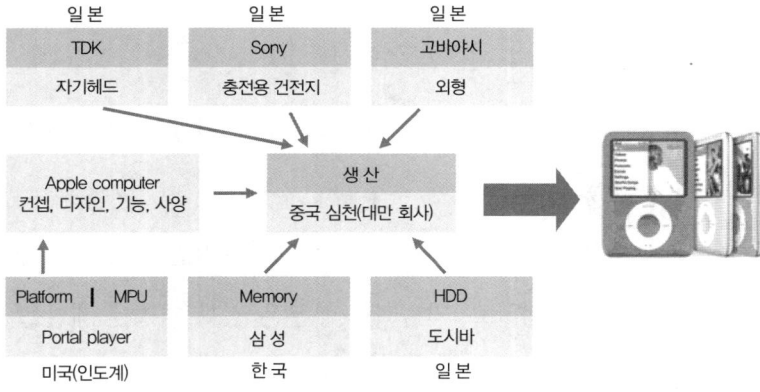

Chapter 1

고객의 참여를 유도하라

애플은 MP3를 이용하여 자신의 콘텐츠를 만들고
방송처럼 송출할 수도 있고 수신할 수도 있도록 눈에 보이지 않은 파이프라인을 깔아 놓았다.

제일 처음 MP3 플레어어를 만든 회사가 애플은 아니다.

애플이 MP3 시장에 뛰어들 즈음 이미 한국 회사인 레인콤에서 만든 아이리버(iRiver)가 미국 시장에서 인기리에 판매되고 있었고, 음반 시장에서는 소니(Sony)가 콜럼비아 음반사를 인수하여 소니뮤직으로 미국 시장에서 발을 넓히고 있었다.

더욱이 애플은 천 달러나 만 달러 대의 컴퓨터를 만든 회사였기 때문에 백 달러 대의 MP3와 같은 대중적인 제품을 만들어 본 적이 없었다. 컴퓨터 소프트웨어를 개발한 경험은 있었지만 음악 콘텐츠와 같은 콘텐츠 산업을 해본 적도 없었다. 그러나 애플은 순식간에 MP3 플레이어와 음반 시장에서 리더가 되었다.

이는 컴퓨터와 MP3, 그리고 음반이 서로 연결되는 새로운 가치 사슬(Value chain)의 파이프라인을 연결시켰기 때문이다.

애플은 MP3를 음악기기로만 생각한 것이 아니라 IT기기로 보고 인터넷과 연결하여 음악산업의 가치 사슬을 새롭게 만들었다.

음반회사와 온라인 판매계약을 맺어서 음원을 확보하고 뮤직스토어를 만들었으며, 음악 애호가의 PC에는 MP3 파일을 다운받고 편집할 수 있는 소프트웨어인 아이튠즈(iTunes)를 깔았다.

MP3를 가진 고객이 온라인으로 자신이 좋아하는 노래를 선택하고 다운받을 수 있도록 파이프라인을 깐 것이다.

또 하나의 파이프라인은 팟캐스팅(Podcasting)이다. 아이팟을 이용하여 개인방송국을 만들 수 있도록 소프트웨어를 지원했다. MP3가 단순히 음악을 듣는 기계의 차원을 넘어 자신의 음성이나 음원을 방송할 수 있는 도구가 되도록 했다.

팟캐스팅이란 고객이 참여하는 웹2.0 개념이 도입된 서비스로, 아이팟을 구매한 고객의 60~70% 이상이 팟캐스팅을 이용할 정도로 보급이 늘고 있다.

애플은 MP3를 이용하여 자신의 콘텐츠를 만들고 방송처럼 송출할 수도 있고 수신할 수도 있도록 눈에 보이지 않은 파이프라인을 깔아 놓았다.

결과적으로 팟캐스팅이나 아이튠즈 이용자가 늘어나면서 그것은 또다시 아이팟의 매출로 이어지는 효과를 가져왔다.

아이팟의 다양한 응용

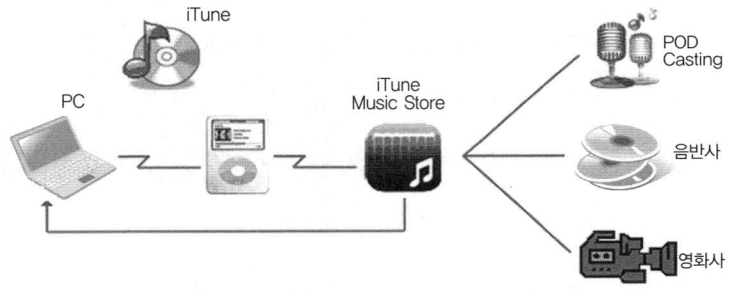

Chapter 2

고객을 마니아로 만들어라

하드웨어인 아이팟에 소프트웨어와 콘텐츠가 결합되면서 디지털 뮤직 문화가 만들어졌다.

음악계에 몸 담고 있는 사람들의 아이팟 사랑은 남다르다.

송 라이터인 디즈니 리치는 "너무나 마음에 든다. 내가 듣는 모든 노래를 저장해서 어디든 가지고 다닌다"고 말할 정도이고, 영화배우 윌 스미스는 NBC 투나이트쇼에 나와서 자신이 얼마나 아이팟에 빠져 있는지를 설명하느라 입에 거품을 물기도 했다.

여배우 기네스 팰트로는 『보그』지와의 인터뷰에서 아이팟에 대한 사랑을 고백했으며, 딸의 이름을 '애플'이라고 짓기도 했다.

패션 디자이너인 칼 라거펠트의 아이팟 컬렉션은 60개나 되며 각각의 뒷면에 레이저로 라벨명이 새겨져 있어서 무슨 곡이 수록되어 있는지를 금방 알 수 있다. 그는 "그것은 음악을 저장하고 정리하는 최고의 방법"이라고 말했다.

이뿐만 아니라 라거펠트는 아이팟을 12개까지 넣고 다닐 수 있는 고급 가죽 가방도 디자인했다. 또, 운전 중에도 아이팟의 조작이 가능하도록 BMW 운전대에 특수장치를 장착하고, 아이팟과 연결된 카 오디오 시스템도 설치하였다.

운동할 때도 음악 듣기를 원하는 사람들을 위해 아이팟을 팔뚝에 찰 수 있도록 팔뚝 밴드를 고안하자, 조깅할 때 팔뚝에 아이팟을 차고 뛰는 사람이 늘어났다.

스포츠 의류 회사들은 스포츠웨어를 디자인할 때 아이팟을 집어넣는 작은 주머니를 만들고 이어폰 줄이 고정되는 옷을 만들었으며, 헬스클럽의 러닝머신도 대부분 하얀 이어폰을 끼고 뛰는 사람들로 채워졌다.

이름 높은 패션회사들에서는 외출을 할 때에도 아이팟을 들고 다닐 수 있도록 고급 케이스를 앞다투어 디자인하였고, 루이뷔통, 구찌, 프라다와 같은 명품 패션회사들은 아이팟용 케이스를 높은 가격에 판매했다.

한편, 아이스킨은 아이팟에 관련된 액세서리만 전문적으로 만드는 회사로, 수십 가지 색깔과 수백 가지 그래픽 디자인을 아이팟 위에 코팅할 수 있는 제품을 선보이고 있다.

하드웨어인 아이팟에 소프트웨어와 콘텐츠가 결합되면서 디지털 뮤직 문화가 만들어졌다. 아이팟의 소프트웨어인 아이튠즈(iTunes)를 통해 애플과 고객은 긴밀히 연결되어 있으며, 여기에 음악 콘텐츠를 판매하는 온라인 뮤직 스토어를 개설하면서 소통이 더욱 원활해졌다.

이 온라인 스토어를 통해 20억 곡의 음악이 판매되었는데, 한 고객은 무려 3천 곡을 구입하여 29,500달러를 지불하기도 했다.

아이팟의 용도는 음악을 듣는 데에만 한정된 것이 아니다. 텍스트 정보, 그래픽 정보와 영상물 저장이 가능하기 때문에 오디오북으로서도 인기가 높다. 또, 아이팟을 이용한 오디오 방송도 할 수 있어서 대학이나 기업에서는 오디오 교육용 기기로 이용되기도 한다.

Chapter 3

고객에게 직접 말하라

"오늘 아침, 여러분께 보여드릴 놀라운 것들을 준비했습니다."

애플은 광고보다는 홍보의 효과에 더 신경을 쓰는 기업이다.

유능한 대행사를 쓰면 멋진 광고를 만들어낼 수 있지만 이는 상당한 비용을 들여야 하는 일이며, 엄청난 비용을 쏟아 TV나 신문에 광고를 한다고 해서 판매가 반드시 잘 되는 것은 아니다. 소비자들은 광고보다는 뉴스나 기사를 더 신뢰한다.

스티브 잡스는 이 점을 노리고 자신이 직접 소비자에게 말하는 프레젠테이션 방법을 주요 홍보 수단으로 이용한다. 소비자, 마니아, 프레스맨에게 자신의 생각을 이야기하고 신제품의 특징을 훌륭히 실연해 보이는 것이다.

그는 물론 뉴스감이 되어야만 언론기관에서 관심을 가진다는 것을 잘 알고 있다. 그래서 신제품 개발을 철저히 베일 속에 감추었다가 갑작스레 깜짝 공개하는 것을 즐긴다. 그러면 굳이 돈 들여서 광고하지 않아도 기자들이 서로 먼저 TV나 신문에 보도하기 위해 애쓰기 때문이다. 그는 이 프레스 쇼를 위해 철저히 준비해서 핵심 컨셉을 화려하게 프레젠테이션 한다.

신제품 발표회인데도 무슨 제품인지를 밝히지 않는다. 아이팟을 발표할 때에도 초정장에는 "맥은 아닙니다"라고 쓰여 있었고, 아이폰을 발표할 때에도 "의미 있는 무엇인가를 보러 오세요"라고만 되어 있었다. 호기심을 유발하여 프레젠테이션에 참석하게 만들었고, 그는 언제나 기대를 저버리지 않았다.

잡스는 프레젠테이션의 첫 부분을 중요시한다.

사람과 사람 간의 만남에서 가장 중요한 것은 첫인상이듯이 프레젠테이션 때도 마찬가지이다. 그는 첫 등장할 때에 항상 청바지에 검은색 터틀넥 셔츠를 입고 원고도 없이 빈손으로 나온다. 이는 그동안 수많은 연습을 해보았기 때문일 것이다.

처음 이야기를 시작하기 전에 그는 객석 이곳저곳을 바라본다. 그리고 잠시 후 미소를 가득 머금은 얼굴로 스토리식 오프닝을 한다.

"오늘 아침, 여러분께 보여드릴 놀라운 것들을 준비했습니다.

모든 고전 명작들이 그러하듯 오늘 저의 프레젠테이션 또한 3막으로 구성되어 있습니다.

자, 무엇부터 시작해야 할까요?

제1막, 아이맥(iMac)입니다."

Chapter 4

아이폰(iPhone) 개발의 비밀

아이팟에 전화기 기능을 넣은 일명 '뮤직폰' 을 개발하자는 아이디어가 내부에서 나왔다.

애플은 새로운 제품을 출시할 때 철저히 비밀을 유지한다. 이는 신제품 발표시에 신비감을 자아내게 하고 스티브 잡스가 직접 발표함으로써 극적인 효과를 얻을 수 있기 때문이다.

아이팟(iPod)이 성공을 거두자 잡스는 새로운 개발품을 찾았다. 아이팟에 전화기 기능을 넣은 일명 '뮤직폰' 을 개발하자는 아이디어가 내부에서 나왔다.

문제는 애플이 이동통신에 전혀 경험이 없다는 것인데, 기술도, 기술자도, 생산시설도, 판매자도 없는 상황이었다.

잡스는 아이팟을 개발할 때와 비슷한 상황이라고 생각했다. 그래서 아이팟을 협력개발, 협력생산했듯이 휴대폰도 같은 방식을 채택했다. 우선적으로 해결해야 할 과제는 이동통신에 대한 기술을 이해하고 최첨단 기술을 어떻게 습득하는가였다. 답은 이동통신 서비스업체와 제휴하여 개발하는 것이다.

하지만 지금까지 이동통신 회사와 단말기 업체와의 관계에서는 통신회사들이 항상 우위에 있어왔기 때문에 애플에 선뜻 기술을 제공할 것이라는 보장이 없었다.

잡스는 미국 내 이동통신 회사 중 2~3위 회사와 복수로 접촉했다. 버라이존(Verizon Wireless), 싱귤러(Singuler)와 동시에 새로운 단말기 개발 협상을 벌인 것이다.

그는 이들 두 회사와의 협상에서 결코 낮은 자세를 취하지 않았다. 오히려 아이팟의 성공과 인터넷에서의 경험을 내세워 애플에 보다 유리한 조건을 제시했다.

애플이 제시한 조건은 다음과 같다.

- 개발의 모든 권한은 애플이 갖는다.
- 웹서핑, 벨소리, 기타 소프트웨어도 애플 소프트웨어 기반에서 돌아간다.

- 통신료의 매출액도 애플과 쉐어한다.

- 로고나 디자인은 애플이 맡는다.

- 개발이 완료될 때까지 모든 사항을 기밀에 붙인다.

이동통신 회사로서는 모든 기술을 다 제공하고도 단말기의 모든 권한은 애플에게 맡겨야 하는 굴욕적인 조건들이었다.

먼저 포기한 곳은 버리아존 무선통신이었다. 싱귤러는 이 모든 조건을 수용하는 대신 미국 내의 판매권을 얻었다. 잡스의 능력을 믿었고, 아이팟 고객을 끌어들일 수 있고, 인터넷폰의 새로운 영역을 개척할 수 있다고 판단했기 때문이다.

싱귤러는 새로운 휴대폰의 개발에 관한 모든 것을 애플에게 맡기고 2년을 기다렸다.

신제품의 발표가 있기 한 달 전인 2006년 12월에 잡스는 새로운 휴대폰을 들고 싱귤러 CEO인 스탠 시그먼 회장을 만났다. 잡스는 신제품의 각 기능을 설명하며 직접 작동해 보였다. 이 광경을 본 시그먼 회장과 세 명의 경영진은 놀라움을 금치 못했다.

그후 한 달이 지난 2007년 1월, 샌프란시스코에서 아이폰(iPhone)이 세상에 얼굴을 드러냈다.

독일 쾰른에 있는 한 T-Mobile 매장에서 코미디언 루스 모쉬너가 그녀의 애플 iPhone 을 들고 포즈를 취하고 있다. 미국에서 먼저 판매를 시작한 iPhone은 유행을 선도하는 유럽인들을 흥분시켰다.

Chapter 5

AT&T를 판매망으로 이용하다

이동통신 사업에 전혀 경험이 없는 애플이 2년 만에 개발한
첫 번째 휴대폰이 이처럼 성공을 거둔 이유는 무엇일까?

2007년 1월 샌프란시스코에서 열린 '맥월드 엑스포'에서 아이폰(iPhone)이 공개되었다.

이날 초대받은 사람들은 "의미 있는 무엇인가를 발표하니 와 보십시오"라고 쓰인 초대장을 받았다.

그들은 '의미 있는 무엇인가'가 휴대폰일 것이라고 짐작은 했지만 아이폰처럼 획기적인 휴대폰일 줄은 전혀 상상하지 못했다.

아이폰은 휴대폰과 컴퓨터 기능을 결합한 첨단 복합 스마트폰의 일종이다. 그러나 키 패드 없이 전면이 모두 터치(Touch) 기능으로 디자

109

인 되어 있어서 터치에 따라 휴대폰이 되기도 하고 PC 화면으로 바뀌기도 하는 획기적인 모델이다.

또, 아이폰은 아이팟(iPod)의 기능을 휴대폰에 대거 끌어들인데다가 음악을 내려받을 수 있는 아이튠스(iTunes) 서비스도 제공되는 뮤직폰이기도 했다.

잡스는 이날도 청바지에 검은색 터틀넥 셔츠를 입고 나와서 아이폰을 소개하고 직접 실연을 해보였다. ABC방송, 뉴욕 타임즈 등 전 세계 유수 매스컴에서는 아이폰의 발표를 비중 있게 다루었다.

아이폰을 발표하고 5개월 후에 애플의 주가는 44% 이상 급등했다. 잡스는 실제 제품이 2007년 6월부터 출시될 것이라고 했다.

제품개발은 성공적으로 마쳤으나 어떻게 생산하고 누가 판매하느냐의 과제가 또 남아 있었다. 이번에도 애플이 아이폰을 생산하지는 않을 것이라는 것을 모두가 알고 있었다.

애플의 생산팀은 개발과 동시에 누구에게 생산을 맡길지 아시아 지역을 뒤졌다. 일본, 한국, 대만, 중국, 싱가폴 등을 돌아다니다가 최종적으로 대만의 OEM회사인 폭스콘에 아이폰 생산을 맡겼다. 아이팟보다는 제품이 정밀하고 품질 요구 수준도 높기 때문에 중국 대신 대만이 선택된 것이었다.

미국 내 판매는 미국 1위의 통신업체인 AT&T에게 맡겼다. AT&T 가입자들에게 500달러에 판매를 하자 고객들은 판매 개시 전날 밤부터 줄을 서서 아이폰을 샀다. 이렇게 미국 내에서 선풍적인 인기를 끌자 가격을 300달러로 내려서 시장을 확대해 나갔다.

2008년부터는 해외시장에 진출하여 유럽과 일본에도 아이폰 판매를 개시했는데, 그중 일본은 소프트뱅크가 아이폰의 판매업체로 선정되어서 시장확대를 노리고 있다.

이동통신 사업에 전혀 경험이 없는 애플이 2년 만에 개발한 첫 번째 휴대폰이 이처럼 성공을 거둔 이유는 무엇일까?

시장 트렌드와 고객 니즈를 잘 파악하여 사용이 쉬우면서도 창의적인 제품을 디자인해내는 잡스의 마케팅 능력이 뛰어나기 때문이다.

휴대폰의 개발 경험도 없고 생산시설도 없이 연간 4천만 대 정도를 생산하는 것은 협력개발, 협력생산 방식을 채택하였기 때문이다. 제품의 컨셉과 디자인, 소프트웨어 개발 능력 등 자신이 가장 잘할 수 있는 것을 기반으로 하여, 외부에서 최고의 하드웨어적 기술과 생산기술을 찾아 협력하는 방식이 이번에도 성공을 만들어낸 것이다.

또한 그는 잊지 않고 고객이 참여할 수 있는 공간을 열어두었다. 아이폰에는 앱스토어(App Store)라는 소프트웨어가 장착되어 있는데 이것은 아이팟의 아이튠스(iTunes)와 비슷한 애플리케이션 소프트웨어이다.

'앱스토어'는 아이폰을 사용하는 사용자들이 이곳에서 개발자들이 만들어서 올린 응용 소프트웨어를 다운 받아 아이폰에서 구동할 수 있도록 한 일종의 온라인 프로그램 시장이다. 여기서 판매되는 소프트웨어에서 수익이 발생하면 개발자가 수익의 70%를 갖고 애플이 운영과 홍보비용으로 30%를 갖게 된다.

앱스토어는 고객의 참여를 유도하고 응용 소프트웨어와 콘텐츠를 풍부하게 함으로써 애플과 고객 모두에게 유익한 역할을 하고 있다.

Chapter 1

30년 동안 세 번 변화했다

<hr />

스티브 잡스는 감성과 스토리가 중요하다는 것을 깨닫게 된다.

스티브 잡스의 지난 30년을 살펴보면 어떻게 하면 성공하고 실패하는지에 대한 해답이 들어있는 것만 같다.

"한 번 성공한 사람처럼 실패의 확률이 높은 사람도 없다."

이 말을 증명이라도 하듯이 그는 벼락 성공하고 하루아침에 몰락하는 롤러코스터 같은 인생을 살았다.

잡스가 이끄는 애플은 1990년대 초까지만 해도 미국에서 가장 성공한 벤처기업으로 성장하다가 90년대 중반부터는 적자로 돌아선다. 그리고 잡스는 리사(Lisa)와 매킨토시의 연이은 실패로 인해, 자신이 만든 회사에서 자신이 스카우트한 CEO에 의해 축출되는 비운을 맞게 된다.

잡스를 축출한 이후에도 애플의 경영상태는 계속 악화되어서 1996년에 13억 달러, 1997년에 11억 달러의 순손실을 기록하여 파산 지경에 이른다.

이때 잡스는 픽사(Pixar)에서 3D 애니메이션 영화의 성공으로 능력을 인정받고 있었다. 가망이 없어 보이던 애플은 결국 1997년에 잡스를 임시 CEO(Intrim CEO)로 다시 영입하였다.

그리고 잡스가 복귀한 뒤 애플은 흑자로 전환하게 되었고, 1999년부터는 다시 성장하게 된다. 2001년에는 MP3 플레이어인 아이팟(iPod)이 대히트를 치면서 매출과 이익이 급증하였다. 이로써 잡스는 미국 최고의 CEO로 인정받는다.

우연히 성공한 사람은 자신이 왜 성공했는지 모른다. 그러나 한 번 실패를 겪어 본 사람은 자신이 왜 실패했으며 어떻게 하면 다시 성공할 수 있을지를 수없이 생각하게 된다.

잡스는 그 누구도 경험하지 못한 성공과 실패 그리고 부활을 경험하였다.

그가 복귀해서 제일 먼저 했던 일은 실패했던 매킨토시를 다시 히트 상품으로 만드는 일이었다. 그는 매킨토시의 디자인을 획기적으로 바꾸었다. 젊은이 감각에 맞도록 컬러풀하게 다섯 가지 색깔을 사용하였고, 밖에서도 PC 내부가 보이도록 누드 PC를 설계했다.

또한, 용량이 적은 플로피 디스크를 제거하고 음악을 같이 들을 수 있는 CD 플레이어로 보조기억장치를 바꾸었다.

이 과정을 통해 만들어진 '아이맥(iMac)'은 젊은이들에게 폭발적인 인기를 얻고 애플이 흑자로 전환하게 하는 효자상품이 되었다.

같은 제품을 가지고 왜 한 번은 실패를 하고 한 번은 히트를 치게 되는가?

답은 기술 중심에서 고객 중심으로 설계 개념을 바꾸었기 때문이다.

아이팟(iPod)을 개발할 때는 초기에 매킨토시를 개발할 때와 전혀 다른 방식을 채택했다. 초기 매킨토시를 개발할 때는 모든 것을 내부 기술로만 한다는 NIH(Not Invented Here) 방식으로 외부와의 협력을 철저히 차단하였다.

하지만 아이팟을 개발할 때는 스스로 만든 NIH 룰을 스스로 파괴하고 대부분의 기술과 생산을 외부와 협력하는 협력개발(C&D, Connected & Development) 방식을 채택했다.

이렇게 해서 아이팟과 아이폰은 잡스가 기획한 것이지만 개발과 생산은 모두 외부협력에 의해 만들어졌다.

잡스는 자의에 의해서든 타의에 의해서든 크게 세 번 바뀌었다.

초기 애플에서는 기술 위주의 PC라는 신제품을 만들어서 성공한다. 그러나 이 성공 공식이 자신을 실패로 몰고간다는 것을 축출되고 나서도 인식하지 못하고 넥스트(NeXT) 컴퓨터를 만든다.

넥스트마저 참패를 한 잡스를 구한 것은 픽사였다.

픽사가 디즈니와 공동으로 제작한 3D 애니메이션 영화가 성공하면서 그는 감성과 스토리가 중요하다는 것을 깨닫게 된다. 픽사에서의 경험을 통해 기술과 감성이 결합된 스토리를 만들어내려면 몇 백 명이 몇 년 동안 서로 협력하는 팀워크가 중요함을 느끼게 된 것이다.

그후 애플에 복귀한 그는 과거와는 전혀 다른 사람으로 변신한다. 자신이 만들어 놓았던 룰을 파괴하고 창의적이고 협력하는 기업문화를 만드는 데에 주력한다.

쓰러져가는 애플을 세계 최고의 기업으로 바꾸어 놓은 것은 그가 위키 리더십(Wiki Leadership)으로 참여와 창의적인 조직을 이끌었기 때문이다.

위키(Wiki)는 '빠르다' 는 뜻과 함께 '참여한다' 와 '창의적이다' 는 의미를 담고 있다.

리더십의 변화

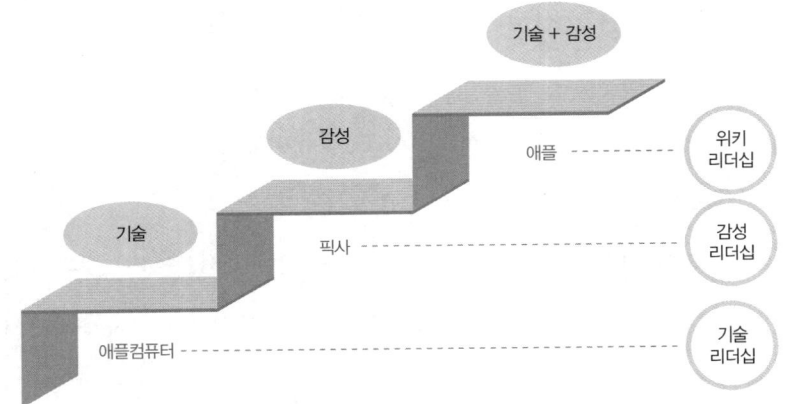

스티브 잡스의 리더십은 30년 동안 세 번 바뀌었다.

음악에서 영화까지

초기에는 음악 파일을 주고받았지만 MP4 기술이 발달함에 따라
그래픽과 동영상 자료도 주고받을 수 있다.

MP3 기술은 음원을 디지털 방식으로 압축하고 푸는 것으로 주
로 음향기기 전문가들이 선호한다. 따라서 초기의 MP3 플레이어는
카세트레코더나 CD 플레이어에 있는 기능을 그대로 옮긴 상태로
MP3 기술을 접합시키는 정도였다.

즉, 기존 제품의 대체용으로만 인식되었다.

이들은 보다 작고 싼 가격의 제품을 만드는 일에만 전념했으며, 어
떻게 소프트웨어 기능을 활용하고 콘텐츠를 풍부하게 할 것인가는 고
려하지 않았다.

그러나 스티브 잡스는 전혀 다른 관점에서 MP3 기술을 바라보았다. 컴퓨터 전문가인 그는 소프트웨어를 우선적으로 고려했고, 그 다음에 소프트웨어를 충분히 살릴 수 있는 새로운 디자인을 생각했다. 화면을 키우고, 조작을 마우스 방식으로 바꾸고, 용량을 늘리고, 소프트웨어를 보강했다. 같은 MP3 플레이어지만 기존의 것이 일반적인 음향기기의 한 종류라면 아이팟은 다른 형태의 컴퓨터와도 같았다.

초기에는 음악 파일을 주고받았지만 MP4 기술이 발달함에 따라 그래픽과 동영상 자료도 주고받을 수 있다. 아이팟은 MP3 기술에서 출발하였지만 MP4 기술을 수용하여 동영상과 영화를 주고받을 수 있는 기기로 발전하였다.

고객의 니즈를 충족시키기 위해 아이팟의 화면은 더욱 커졌고, 컬러화 작업이 추가되었다. 또, 저장용량을 80기가, 160기가로 늘리면서 영화나 TV 드라마를 몇 편이고 저장할 수 있도록 했다.

잡스는 월트 디즈니와는 영화 공급 계약을, ABC 방송과는 TV 드라마 공급 계약을 맺었다. 그리고 영화와 TV 드라마를 아이튠 뮤직 스토어에서 판매하였다. 초기의 MP3는 음악 콘텐츠를 담는 것에 만족했지만 지금은 영화, TV 드라마, UCC 동영상들을 자유롭게 보고 즐길 수 있도록 업그레이드 되었다.

산호세에서 열린 기자회견에서 애플사가 공개한 새로운 아이팟의 모습. 신형 아이팟
은 2.5인치 컬러액정이 장착되어 음악뿐 아니라 사진, 각종 동영상 등을 재생할 수
있다.

Part 6 감성 기술자가 만드는 상상력 공작소 (디즈니의 문제해결)

Chapter 3

추락하는 디즈니를 구하다

창의력은 근육과 같아서 노력과 훈련을 통해서 조금씩 커지게 되는데,
이 훈련에 회사가 적극적으로 지원하는 것이 바로 직원교육이다.

세계적 테마 파크와 애니메이션 영화를 만드는 것으로 유명한
월트 디즈니는 1923년에 회사가 설립된 이후 계속 성공가도를 달렸
다. 그러나 기존의 제품과 기술에 안주하여 1980년대에 큰 위기를 맞
게 된다. 애니메이션 영화의 시장 점유율이 4% 대로 떨어지고 7대 대
형 영화제작사 중 꼴찌로 전락하고 만 것이다.

위기 의식을 느낀 디즈니의 경영진은 기존의 애니메이션 영화의 한
계를 느끼고 새로운 변화를 꾀하고자 한다. 스티브 잡스가 경영하는
픽사의 창의력과 3D 애니메이션 기술을 도입하기로 한 것이다.

픽사와 월트 디즈니가 공동으로 제작한 세계 최초의 3D 애니메이션 영화인 <토이 스토리>가 대성공을 거두자, 픽사는 10여 편의 애니메이션 영화를 디즈니와 공동으로 제작하게 된다. 이렇게 해서 애니메이션을 손으로 그리던 디즈니에 컴퓨터를 이용한 3D 애니메이션 기술을 전수하게 된다.

그리고 잡스가 애플로 복귀하자 디즈니는 아예 픽사를 인수하고자 했고, 2007년에 잡스는 자신의 주식을 디즈니에 매각한다. 이때 픽사의 인수 가격이 70억 달러였다. 20년 전에 루카스필름에서 1천만 달러에 인수했던 회사를 디즈니에 70억 달러로 매각하였으니 회사 가치가 700배나 성장한 것이다.

디즈니는 픽사를 인수한 이후에 3D 애니메이션 기술을 통째로 도입할 수 있었으나, 픽사의 문화와 디즈니의 문화가 상당히 다른 탓에 초기에는 문화적 갈등을 빚게 된다. 디즈니는 80년 된 회사로 조직 문화가 보수적인 반면, 픽사는 20년 된 젊고 진취적인 조직 문화를 가지고 있었다.

그런데 픽사를 인수한 디즈니의 아이스너 회장은 처음부터 픽사를 디즈니식으로 길들이려 했고 픽사의 직원들은 디즈니의 통제를 잘 따르지 않으면서 문제가 발생했다.

2006년에 디즈니 회장이 아이스너에서 아이거로 교체되었다. 아이거 회장은 픽사의 창의성과 자율성을 살려주어야 한다고 생각했고, 픽사 특유의 재기 발랄한 점을 살려서 작품활동에 매진하도록 했다. 전임 회장이 공장에서 물건을 찍어내듯이 작품을 만들어낼 것을 요구했다면, 신임 회장은 자유를 주고 창의적인 작품을 만들어내기를 바랐다.

아이거 회장이 아니었다면 사무실에서 스케이트 보드를 타고 다닐 정도로 자유분방한 직원은 결코 볼 수 없었을 것이다. 픽사가 계속해서 히트 작품을 내놓자 아이거 회장은 디즈니의 조직 문화를 아예 픽사식으로 바꾸어야겠다고 생각한다. 그리고 픽사의 경영진에게 부탁하여 디즈니를 픽사처럼 바꿀 수 있는 방안을 자문 받는다.

이후 디즈니는 마케팅 목표 계층을 기존의 유아 중심에서 벗어나 10~20대로 확대하고 더 나아가 중장년층까지 대상을 넓힌다. 그리고 이 같은 변화를 거듭하며 10대에서 40대까지 함께 볼 수 있는 새로운 3D 애니메이션 영화인 〈라따뚜이〉, 〈마법에 빠진 사랑〉 등이 제작되어 크게 히트를 친다.

2007년의 매출액은 355억 달러로 순이익은 전년보다 28% 증가한 46억 달러였다. 픽사는 늙은 디즈니에 젊은 피를 수혈하는 역할을 하게 되었고 디즈니는 3년 연속 순이익이 두 자릿수로 증가했다.

15년 전에는 잡스가 디즈니에서 스토리 능력을 배워 〈토이 스토리〉를 제작했다면, 오히려 지금은 디즈니가 잡스가 만들어 놓은 픽사 문화를 수혈 받아 창의적인 조직으로 바뀌고 있는 것이다.

더 이상 디즈니에서는 직원들이 아침 9시에 출근함과 동시에 무엇을 하라고 요구받지 않는다. 오후 5시부터 일을 시작하더라도 누구도 개의치 않는다. 창의력은 근육과 같아서 노력과 훈련을 통해서 조금씩 커지게 되는데, 이 훈련에 회사가 적극적으로 지원하는 것이 바로 직원교육이다.

디즈니 유니버시티에서는 기능적인 교육뿐만 아니라 다양한 강좌가 열리고 이를 직원들이 자유롭게 수강한다. 때로는 애니메이션 동작을 만들기 위해 필요한 연기 실습이나 팬터마임 과정을 수강하기도 하고, 애니메이터가 동물 캐릭터 개발을 위해 동물 해부학 실습 과정을 수강하는 일도 있다.

디즈니는 이런 교육을 통해 '이매지니어(Imagineer)'를 적극적으로 양성한다. 풍부한 상상력(Imagination)과 빼어난 기술(Engineering)을 갖춘 감성 기술자인 이매지니어가 노쇠한 디즈니를 '상상력 공작소'로 바꾸어 놓고 있다.

2

이제,
'위키 씽킹(Wiki Thinking)'으로
혁신한다

'위키 씽킹(Wiki Thinking, 집단 창의)'은 '탁월하고 멋진 아이디어'라는 뜻과 '지식의 공유, 직원의 참여에 의한 새로운 아이디어의 창조'라는 뜻을 가지고 있다.

사진출처 : 연합뉴스

미국 샌프란시스코에서 열린 애플 맥월드 컨퍼런스에서
기조연설을 마친 스티브 잡스가 맥북 에어를 들고 있다.

Part **7**

킬러 아이디어맨,
스티브 잡스

Chapter 1

탁월하고 멋진 아이디어를 내는
킬러 아이디어맨

잡스의 창의성은 단순히 새롭기만 한 것이 아니라 세상을 깜짝 놀라게 할 탁월한 아이디어이고,
시장에서 호응을 얻는 멋진 아이디어이다.

스티브 잡스는 MP3 플레이어와 같은 가전제품을 한 번도 만들어 본 적이 없었다. 그런데 어떻게 아이팟(iPod)과 같은 멋진 제품을 만들 수 있었을까?

그것도 기존 가전제품 전문회사들이 만든 제품들을 모두 물리치는 탁월한 제품을 만들어냈다. 아이팟이 세상에 나온 지 이미 5년이 되었지만 아직도 그것을 능가하는 제품이 나오지 못하고 있다.

아이팟이 우연히 나온 것은 아니라는 것을 증명이라도 하듯이, 2007년에는 새로운 개념의 휴대폰인 아이폰(iPhone)을 내놓았다. 아이폰

역시 그동안 키 패드 중심의 휴대폰에서 벗어난 터치 스크린 방식의 획기적인 제품이다.

애플은 아이폰 하나로 전 세계의 휴대폰 흐름을 바꾸어 놓았다. 휴대폰을 처음 개발했던 모토로라는 왜 이런 휴대폰을 생각하지 못했을까 라는 생각이 들 정도이다.

잡스의 창의성은 단순히 새롭기만 한 것이 아니라 세상을 깜짝 놀라게 할 탁월한 아이디어이고, 시장에서 호응을 얻는 멋진 아이디어이다. 이런 탁월하고 멋진 아이디어를 킬러 아이디어(Killer Idea)라고 할 수 있다.

킬러(Killer)는 부정적인 의미도 있지만 '강렬한', '인상적인', '굉장한 것' 이라는 뜻도 있고, '경이적인 사람', '사족을 못쓰게 하는 사람' 이라는 뜻도 있다.

그래서 킬러 스마일(Killer Smile)이라고 하면 인상적인 미소라는 의미로 쓰인다. IT 분야에서 킬러 앱(Killer Application)이라는 말이 널리 쓰이는데, 이는 새로운 테크놀로지 보급에 결정적인 계기가 되는 어플리케이션을 말한다. 또한 킬러 콘텐츠(Killer Contentes)도 킬러 앱과 비슷한 의미로 쓰이고 있다.

같은 맥락에서 보면 잡스가 내는 아이디어는 탁월하고 멋진 아이디어라는 의미의 킬러 아이디어(Killer Idea)이다.

킬러 아이디어의 조건은 다음 세 가지가 맞아떨어지는 것이다.

기존의 것과 차별화(Different)되면서, 탁월하고 이상적인 아이디어(Ideal Idea)이며, 고객의 니즈(Customer Needs)에 부합되는 것이다.

이를 공식으로 표현하면 "KI = D + I + C"가 된다.

잡스는 초기에 뛰어난 아이디어만을 내는 사람이었으나, 애플에서 축출되고 외부에서 유랑생활을 하면서 고객의 니즈와 부합되는 아이디어가 얼마나 중요한 것인지를 깨달았다.

비즈니스 세계에서는 과학자나 예술가처럼 홀로 하는 창의력이 아니라 고객의 마음을 움직일 수 있는 창의력이 필요하다.

잡스의 경우, 애플 내에서의 나 홀로 창의성과 넥스트에서의 기술적인 창의성이 실패로 끝났다. 하지만 픽사에서 고객을 움직이는 창의성를 깨달았다. 그리고 그는 고객의 마음을 움직일 수 있는 차별화된 아이디어를 만들어내는 킬러 아이디어맨으로 변신하였다.

킬러 아이디어와 상식적 아이디어

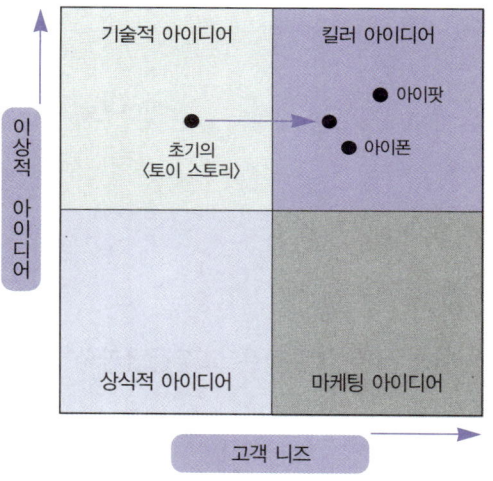

고정관념을 뛰어넘어라

고정관념을 뛰어넘어서 발상 전환을 하는 사고가
바로 수평적 사고(Lateral Think)이다.

창조적인 사고를 한다는 것은 고정관념과의 싸움이라고 할 수 있다. 대부분의 사람들은 지금까지 받은 교육과 과거의 경험, 신념, 지식을 바탕으로 자신만의 고정관념을 만들어 살고 있다. 그런데 이 고정관념이 스스로에게는 선입관으로 박히게 되고, 다른 사람 입장에서 볼 때는 자신을 편견을 가진 사람으로 느끼게 만들기도 한다.

사회적으로 변화가 크게 일어나지 않았을 시기에는 과거의 지식과 경험이 문제를 해결하는 데에 도움이 되었다. 하지만 지금처럼 변화의 물결이 요동치는 때에는 고정관념이 오히려 문제해결에 걸림돌이

될 수 있다.

스티브 잡스는 고정관념에 사로잡히지 않고 항상 다르게 생각(Think Different)하여 새로운 기회를 찾아내고 문제를 해결하였다.

그는 이미 남들보다 한참 앞서서 창의적으로 사고하는 방법을 알고 있었다. 그는 고정관념을 뛰어넘어서 새로운 생각을 하는 수평형 사고(Lateral Think)를 한다. 수평형 사고는 창의성의 대가인 에드워드 드 보노(Edward De Bono)가 주장한 창의적 사고법이다.

그가 창의적 아이디어를 내는 과정을 수평형 사고법으로 정리하면 다음과 같다.

MP3 플레이어를 개발하겠다고 생각한 잡스는 시장에서 팔리고 있는 모든 MP3 플레이어를 수집해서 분석했다. 그 결과 기존의 MP3 플레이어들에서 한 가지 공통점을 발견했는데, 그것은 모든 기기가 가전회사의 오디오 사업부에서 디자인된 것이라는 점이었다.

기존의 MP3 플레이어는 소니(Sony)의 워커맨(WalkerMan)의 스타일을 따르고 있었는데, 기술만 디지털 기술이지 기기의 모든 설계는 아날로그식 워커맨 형태를 벗어나지 못했다.

과거에는 모든 MP3 플레이어를 가전회사의 오디오 사업부 엔지니어들이 설계했기 때문에 카세트레코더의 카세트 기능이 MP3 기술로 바뀌었을 뿐이었다.

왜냐하면 오디오 기기 설계 엔지니어들은 휴대용 오디오 기기로서 갖추어야 할 기본 기능을 그대로 유지해야 한다는 고정관념을 가지고 있었기 때문이다.

그러나 잡스는 새로운 디지털 기술인 MP3가 어떠한 기능을 갖고 있어야 하느냐를 생각했고 그것이 고객에게 어떤 가치를 줄 수 있는지에 대해 고민했다. 기존 오디오 기기 개발 엔지니어들의 고정관념을 뛰어넘어 IT 시스템으로서 새로운 가능성을 고려한 것이다.

이를 수평적 사고의 로직으로 정리해보자.

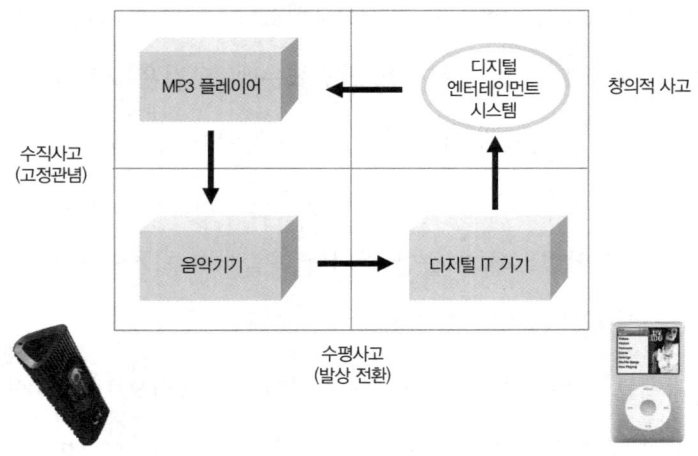

대부분의 사람들은 MP3 플레이어도 오디오 기기의 일종이라는 고정관념을 가지고 상식적인 사고를 하는데, 이것은 수직형 사고(Vertical Think)이다.

그러나 잡스는 디지털 기술의 집약체인 MP3 플레이어가 분명한 디지털 IT 기기라는 다른 인식을 하게 된다. 이렇게 고정관념을 뛰어넘어서 발상 전환을 하는 사고가 바로 수평적 사고(Lateral Think)이다.

그는 발상을 전환하여 MP3를 디지털 IT 기기라고 생각함과 동시에 디지털 엔터테인먼트 시스템을 만들어야겠다는 창의적 사고를 하게 된다.

그리고 결국 디지털 기술을 이용하여 소프트웨어를 개발하고, 그 소프트웨어를 이용하여 풍부한 콘텐츠를 확보함으로써 디지털 엔터테인먼트 시스템을 만들게 된다.

Chapter 3

거인의 어깨 위에서 생각하라

아이작 뉴턴은 "내가 세상을 멀리 볼 수 있었던 것은
거인의 어깨 위에 서 있을 수 있기 때문이다"라고 했다.

실패를 거듭하던 스티브 잡스가 성공의 자락을 다시 잡게 된 것은 픽사 시절에 월트 디즈니와 협력하게 되면서부터이다.

픽사의 존 래스터가 만든 단편 3D 애니메이션 영화가 아카데미상을 타는 것을 보고, 월트 디즈니에서 장편 3D 애니메이션 영화를 같이 제작하자고 제안이 들어왔다. 이처럼 파산 위기에 있었던 픽사를 구하게 된 것은 래스터의 공이 크다.

하지만 어렵게 시작한 최초의 장편 3D 애니메이션 영화 〈토이 스토리〉의 초안이 나오자 월트 디즈니는 계약을 파기하자고 한다. 쇼크를 받은 잡스는 디즈니가 계약을 파기하자는 원인이 무엇인지를 분석한다.

〈토이 스토리〉의 초안이 3D 애니메이션기술만 사용하였지 "고객을 감동시킬 만한 스토리도 부족하고 재미도 없다"는 것이었다. 잡스는 이때 커다란 충격을 받게 되고 디즈니의 의견을 받아들여서 완전히 재작업을 하여 다시 프레젠테이션을 한다.

결국 다시 작성한 스토리와 샘플이 월트 디즈니의 마음을 되돌려서 〈토이 스토리〉는 재작업에 들어가게 된다.

잡스는 디즈니라는 거인(巨人)에게 "어떻게 하면 고객의 마음을 잡을 수 있는가"를 배우게 된다. 기술만으로는 반쪽이고, 재미있는 스토리 라인을 구성하고 어린이 마음을 사로잡을 수 있는 감성이란 반쪽을 접합하여야만 진짜 상품이 된다는 것을 알게 되었다.

흔히 천재들이 범하기 쉬운 오류는 자신의 천재성에 도취되어서 다른 사람의 의견이나 아이디어를 무시하는 것이다.

그러나 세상에는 자신보다 뛰어난 아이디어를 가진 사람들이 많이 있다. 이들의 지식과 아이디어를 최대한 수렴한다면 더 뛰어난 아이디어를 만들어낼 수 있다.

아이작 뉴턴은 "내가 세상을 멀리 볼 수 있었던 것은 거인의 어깨 위에 서 있을 수 있기 때문이다"라고 했다. 거인의 지식과 경험을 배워서 자신의 것으로 만드는 것이 곧 거인의 어깨 위에 올라서는 행동이다.

또한, 알버트 아인슈타인도 자신의 침실에 아이작 뉴턴의 초상화를 걸어두고 항상 거인의 어깨 위에 올라서기 위한 생각을 했다고 한다.

월트 디즈니와 3D 애니메니션 영화를 만들면서 스티브 잡스도 3D 애니메이션에 관한 한은 존 래스터라는 거인의 어깨 위에 올라서서 앞을 보았다. 또한 고객 감성을 움직이는 스토리 디자인에 관한 한은 월트 디즈니라는 거인의 어깨 위에서 생각하였다.

Chapter 4

최고의 아이디어를 찾아라

"다르게 생각하라(Think Difference)."

아이디어에는 세 가지 수준이 있다.

먼저 제 1 수준 아이디어는 개인적인 아이디어로 개인이 알고 있는 지식과 경험 안에서 구조화한 것이다. 이것은 나뿐만 아니라 다른 사람도 생각할 수 있는 상식적 수준으로, 부서 간의 합의도 쉽게 이루어 낼 수 있고 비전문가인 관리자도 쉽게 이해할 수 있어서 결제 받기가 쉽다.

그러나 이런 상식적인 아이디어는 내부에서는 쉽게 통할지 모르나 시장에 나가면 평범한 제품이 되고 만다.

제 2 수준 아이디어는 그룹 아이디어로 개인이 알고 있는 지식과 다른 사람이 가지고 있는 지식과 경험을 결합해서 만든 것이다. 기업 내의 여러 팀이 모여서 새로운 아이디어를 내는 방식으로 제 1 수준 보다는 우수한 발상이 나오겠지만 이것 역시 참가자들의 고정관념의 한계를 벗어나지 못한다.

마지막으로 제 3 수준 아이디어는 이상적 아이디어로 개인적인 고정관념과 조직의 타성에서 벗어나 문제의 본질을 해결할 수 있는 아이디어이다. 이는 남들이 풀지 못한 문제의 원인을 찾아내서 모순을 해결하는 최고의 가치를 창출한다.

아이팟(iPod)을 개발하고 마케팅 시 남들이 풀지 못한 모순을 해결하고 실행했음을 볼 때, 스티브 잡스는 제 3 수준의 이상적 아이디어를 내는 방법을 알고 있었음이 분명하다.

세 가지 수준의 아이디어

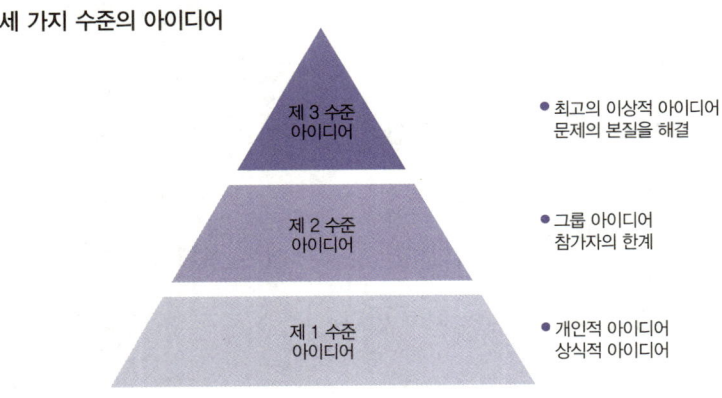

아이팟(iPod)은 MP3 플레이어이지만 MP3라고 부르지 않고 그냥 '아이팟'이라 부른다.

아이팟의 'POD'는 어떤 의미를 담고 있는 것일까? 사전적 의미는 '완두콩의 꼬투리'이지만 마케팅적으로는 POD(Point of Difference)이다.

POD은 상품의 차별화 요소를 지적한 것이다. 잡스가 "다르게 생각하라(Think Difference)"를 기업 슬로건으로 쓰고 있는 점을 감안한다면, 사전적 의미보다는 마케팅적 의미에 더 중점을 두어 기존의 MP3 플레이어와는 차별화된 새로운 개념의 상품이라는 점에서 아이팟(iPod)이라는 이름을 붙였다고 생각된다.

물론 차별화만을 지나치게 강조하면 시장 개척과 고객의 친밀도에서 어려움을 겪을 수 있다.

하지만 잡스는 차별화된 팟(POD)의 개념을 강조하면서도 동질성이라는 팝(POP)의 개념을 놓치지 않았다. 팝의 마케팅적인 의미는 POP(Point of Parity)으로서 그 상품 고유의 것이 아니라 경쟁이 되는 다른 상품들과 공유하는 우수한 특징을 뜻한다.

아이팟은 다른 MP3 플레이어와는 차별적인 디자인을 가지면서 MP3 소프트웨어와 콘텐츠를 공유할 수 있도록 한 점에서 팟(POD)과

팝(POP)의 개념을 동시에 충족시켰다. 시장을 키우는 것은 MP3 기술과 콘텐츠이지만 차별화되는 설계와 디자인으로 아이팟 애호가들을 늘려나갈 수 있다.

이러한 팟(POD)과 팝(POP)의 공존은 신형 매킨토시에도 적용되었다. 과거의 매킨토시는 차별화되는 맥 소프트웨어만을 제공했으나 신형 매킨토시에서는 마이크로소프트의 윈도우도 돌아갈 수 있도록 했다.

휴대폰인 아이폰(iPhone)을 개발할 때도 똑같은 전략을 펼쳤다. 전면이 터치 스크린으로 키 패드를 없앤 차별화된 디자인의 단말기를 만들었지만, 기술은 기존의 이동통신 기술을 그대로 이용함으로써 쉽게 시장에 진입할 수 있었다.

Chapter 5

100명이 모이면 천금의 아이디어가 생긴다

픽사의 문화는 한마디로 '동등한 참여 문화(Peer Culture)'라고 할 수 있다.

한 사람의 천재가 다른 100명의 사람을 먹여 살릴 수 있을까?

과거의 스티브 잡스는 돋보이는 한 명의 천재였지만 지나치게 독선으로 치우치면서 팀워크를 무너뜨리는 결과를 초래하였다. 그때 그는 애플에서 한 사람의 천재가 우수한 성과를 내기 위해 100명을 희생시켜서는 안 된다는 것을 깨달았다.

그리고 픽사에서 일하며 100명의 인재들이 모여서 더 큰 아이디어를 만들어내는 집단 창의성이 중요하다는 것을 깨달았다. 픽사가 집단 창의성을 강조하는 것은 3D 애니메이션 영화는 수만 개의 아이디어가 합쳐져서 만들어지는 '종합예술'이기 때문이다. 3D 애니메이션 영화는 200~250명으로 이루어진 제작팀이 4~5년간 머리를 맞대고 숱한 문제를 해결해야 만들어진다.

결국 그는 〈토이 스토리〉의 성공에 고무되어 〈토이 스토리 2〉를 제작하는 과정에서 뛰어난 인재들이 협력해서 창의성을 극대화하는 것이 성공의 필수조건임을 깨닫게 된다.

그러나 1995년, 〈벅스 라이프〉와 〈토이 스토리 2〉를 동시에 제작하면서 위기에 부딪혔다. 훌륭한 아이디어로 출발했지만 작업 진행이 지지부진했던 탓에 감독과 제작자 사이에 갈등까지 생겼다.

문제해결을 위해 고민하던 잡스는 먼저 제작을 마친 〈벅스 라이프〉 팀을 〈토이 스토리 2〉 제작에 투입했다. 이들은 팀워크와 실력을 갖춘 최정예 팀이었다. 결과적으로 그들이 협력하며 지지부진했던 〈토이 스토리 2〉 제작은 생기를 찾았고 성공적으로 작품을 완성할 수 있었다.

"평범한 사람들로 구성된 팀에 훌륭한 아이디어를 주면 팀원들이 그 아이디어를 망쳐 놓을 수 있다. 하지만 평범한 아이디어라도 뛰어난 팀에 주면 히트작으로 만들어낸다."

잡스는 이 귀중한 교훈을 체험을 통해 얻었다.

그는 픽사를 창의적인 집단으로 만드는 데 주력했다. 집단 창의성을 강화하기 위해 부서 간의 장벽을 허물고 내부는 물론 외부와의 소통까지 원활하게 하는 독특한 운영 원칙을 만들었다.

◆ 픽사의 운영 원칙

1. 누구와도 자유롭게 커뮤니케이션 할 수 있다.

픽사의 매니저들은 회의에 들어가서 처음 알게 된 새로운 이슈 때문에 놀라지 않는 법을 배워야 한다고 할 정도로 모든 일을 다 알고 있어야 한다. 또한, 자유로운 생각과 행동을 통해 회사 내 커뮤니케이션을 물 흐르듯 자연스럽게 만들려고 노력한다.

2. 어떤 아이디어를 내더라도 비난하거나 문제 삼지 않는다.

창의적인 아이디어는 주눅이 들기 시작하면 절대로 나오지 않는다. 당연히 누구라도 자유롭게 자신의 생각을 말하고 의견을 낼 수 있는 문화가 형성되어야 한다.

3. 학계에서 일어나는 혁신에 대해서 주의 깊게 지켜보고 가까이 한다.

컨퍼런스 참여를 독려하고 학계와의 교류에 대해서 매우 적극적이다. 픽사라는 회사 자체가 세계 최초로 컴퓨터로 애니메이션 영화를 만든 회사이기 때문에 혁신에 대한 새로운 연구성과에 대해 자연스럽게 관심을 가진다.

픽사의 문화는 한마디로 '동등한 참여 문화(Peer Culture)'라고 할 수 있다. 픽사에서는 직위나 직급에 관계없이 동등한 입장에서 커뮤니케이션이 가능하고 의견을 개진할 수 있다. 어찌 보면 무질서하고 체계가 없어 보일 수도 있지만, 모든 사람의 참여를 이끌어내고 창의적인 아이디어가 넘치는 기업 문화를 만드는 데에 자유가 중요하다는 것은 분명한 사실이다.

제작에서 자유를 주지만 사후 점검을 통해 실패를 줄이고 성공 아이디어를 공유할 수 있도록 한다. 한 프로젝트가 마무리되면 사후 점검을 하는데, 이때 '다시 반복하고 싶은 다섯 가지와 다시 반복하고 싶지 않은 다섯 가지'에 대해 토의한다.

긍정적인 측면과 함께 부정적인 측면을 동시에 보게 함으로써 개선점을 찾아나가는 것이다. 사후 점검 시에 부수적으로 점검하는 것은 모든 과정의 진행속도와 재작업 발생율이다. 그리고 프로젝트 진행 시 미완성 상태에서 일일 리뷰를 제대로 했는지, 완성된 후에 다른 부서와 커뮤니케이션을 하였는지도 확인함으로써 참여와 공유를 유도한다.

Chapter 6

직원을 참여시켜라

스티브 잡스는 직원의 이야기를 경청하고
협력회사와 끊임없이 대화하여 새로운 가치를 만들어낸다.

"직원을 영웅으로 만들고 창의적으로 일할 수 있는 환경을 만들어
라."

애플에서는 매장에서 근무하는 직원을 '지니'라고 부른다. 지니는
천재를 일컫는 지니어스(Genius)의 줄임말로, 매장에 근무하는 직원
은 고객이 물어보는 모든 것에 확실히 대답할 수 있어야 한다는 취지
에서 이러한 호칭을 부여하는 것이다.

매장을 방문하는 고객들이 여러 가지 제품의 사용법이나 원리 등

미국 애플사 역사상 2007년에 처음으로 애플사의 주식이 하루 종일 200달러를 넘어섰다. 애플의 매킨토시 컴퓨터와 iPhone 휴대전화의 두드러진 판매로 2007년 애플사의 주식 증가율이 134%의 기록을 세울 수 있었다.

궁금한 점이 생기면 즉시 지니들이 답변을 하고 사용법을 조작해 보인다. 직원이라고 아무나 지니가 되는 것은 아니며 애플 본사에서 주관하는 공식 교육프로그램을 수료해야만 지니 자격을 얻을 수 있다.

애플은 애플센터의 수를 많이 늘리는 것이 중요한 것이 아니라 고객에게 다양한 제품을 보여주고 충분히 상담을 하여 제품의 특성과 사용법을 이해시키는 것이 더 중요하다고 생각한다. 애플은 전 세계에 200여 개의 직영매장을 운영하고 있으며, 능력 있는 직원을 채용하고 잘 훈련시켜서 천재로 키워나간다.

애플에는 또 다른 역할자가 있는데, 바로 CEO인 스티브 잡스이다.

CEO는 최고 경영자라는 의미지만 잡스는 CEO가 아닌 CLO로 불리기를 원한다. CLO는 최고 경청자(Chief Listen Officer)를 뜻하는 말로 잡스 자신이 항상 직원과 고객의 소리를 듣고 있음을 강조하는 것이다.

흔히 '스티브 잡스'라 하면 20년 전의 독선적이고 말이 많은 사람을 떠올리기가 쉽다. 그러나 지금의 그는 많이 달라졌다. 픽사에서 팀워크를 터득했고 리더가 직원들의 이야기를 경청하는 것이 중요한 능력이라는 것을 깨우치게 되었다.

그는 해외 출장이나 골프 모임에 거의 가지 않는다. 대신 항상 회

151

사 내에서 직원들과 대화하고 고객의 소리에 귀 기울이며 업무에 몰입한다.

그는 "자신이 하는 일을 좋아해야 한다. 자신이 하는 일을 좋아하면 열정이 생기고 열정이 있어야 불가능한 일을 가능하게 한다"고 말한다.

또, 신제품을 개발할 때 협력개발을 하기 위해 개발, 생산, 마케팅의 파트너를 선정하고 그 회사의 책임자들과 끊임없이 대화한다.

아이팟 개발을 위해 인텔의 개발자를 만나고, 아이폰을 만들기 위해 싱귤러의 기술자와 대화했으며, 콘텐츠 확보를 위해 콜럼비아 레코드사의 CEO를 만나고, 월트 디즈니나 ABC 방송, 야후, 구글의 경영자를 만난 일도 모두 그의 몫이었다.

잡스는 직원의 이야기를 경청하고 협력회사와 끊임없이 대화하여 새로운 가치를 만들어낸다. 그리고 꼭 고객과 소통할 일이 생기면 직접 화려한 프레젠테이션을 한다.

이렇게 고객과의 커뮤니케이션에 적극적인 리더가 이끄는 애플은 직원을 천재로 만들어서 수많은 고객에게 수준 높은 서비스를 제공하고 있다.

Chapter 7

집단 창의로 불가능한 일을 가능케 하라

개발, 디자인, 생산, 마케팅을 거의 동시에 하려면 팀워크가 매우 중요하다.

지난 7~8년 동안 애플은 거의 불가능한 일들을 성공적으로 수행해냈다. 컴퓨터 회사가 MP3 플레이어를 8개월 만에 만들어냈고 휴대폰에 경험이 없던 상황에서 최고의 휴대폰을 당당히 선보였다.

2001년 2월, 스티브 잡스는 MP3 플레이어를 개발하기로 결심한다.

MP3 플레이어와 같은 소형 가전제품은 크리스마스 시즌에 선물용으로 인기 있다고 판단하고, 모든 개발과 생산을 10월까지 마쳐 수요가 폭발하는 시기동안 시장에 유통시켜야 한다는 목표를 정한 것이다.

MP3 플레이어에 대한 아무런 기술도 없이, 개발자도 없이, 생산시설도 없는 상황에서 9개월 만에 제품을 완성시키고 판매망을 갖춰야 한다는 것은 어찌보면 터무니없는 계획이었다.

아무리 좋은 아이디어라고 하더라도 실행하지 않는다면 아무 것도 아니다. 또한, 실행한다고 하더라도 타이밍을 못맞추면 그 의미가 절대적으로 반감된다는 것을 생각할 때 이 계획을 제대로 실천하기 위해서는 각고의 노력이 수반되어야만 했다.

개발, 디자인, 생산, 마케팅을 거의 동시에 하려면 팀워크가 매우 중요하다.

잡스는 MP3 플레이어가 아이튠스(iTunes) 소프트웨어를 탑재시키고 조직이 간편하고 디자인이 아름다워야 한다는 큰 방향을 설정했다. 그리고 개발, 생산, 마케팅 팀은 이 일이 가능할 수 있는 방안을 찾아냈다.

디자인은 애플 내에서 하지만 개발은 외부와 협력하거나 외부에서 이미 개발된 플랫폼(Platform)을 라이센싱 해서 쓰는 방법을 검토했다. 그리고 포털 플레이어(Portal Player)가 플랫폼을 개발하고 부품들은 대부분 표준 부품을 이용함으로써 조달이 용이하게 하고 원가를 낮출 수 있도록 했다.

또한, 생산을 애플 내에서 한다는 것은 근본적으로 불가능한 일이었기 때문에 아시아 지역의 전자제품 생산 전문회사를 알아보았다.

애플은 플로팅 오피스(Floating Office)라는 개념을 실시하고 있다. 이는 어느 특정한 사무실에서만 근무하는 것이 아니라 업무에 따라 사무실을 이동하면서 근무하는 것을 말한다. 생산 책임자들은 아시아 지역에 출장을 다녀오는 것이 아니라, 필요하다면 홍콩, 중국, 대만에서 아예 근무를 하고 본사에는 IT 시스템을 이용해 보고하고 협의한다.

시간 단축을 위해 아시아 지역을 왔다 갔다 하거나, 보고하고 지시받는 체계를 근본적으로 바꾼 것이다.

본사에서는 개발, 디자인, 생산, 자재 공급을 총괄적으로 조율하여 11월이라는 시간에 맞출 수 있는 일을 담당하였고, 디자인의 총괄은 CDO(Chief Design Officer)가 맡도록 했다.

개발과 생산은 전문가들에게 맡기고 잡스는 콘텐츠 확보와 마케팅에 나섰다. 하드웨어 개발과 동시에 소프트웨어의 보강, 콘텐츠의 확보가 중요했다. 그는 음반사와 가수들을 찾아다니며 디지털 음원을 확보하였다. 콜롬비아 레코드, 소니, BMG와 같은 대형 음반사와 디지털 음원의 공급계약을 맺었다.

크고 작은 문제는 계속 발생했지만 개발, 생산팀은 꾸준히 이 일을 해결해 나갔다.

그런데 가장 큰 문제는 내부에서 보다 외부에서 생겼다. 제품 개발을 끝내고 생산 준비에 열중하고 있었던 때에 9.11 테러사건이 발생한 것이다. 미국 사회와 경제는 크게 흔들렸다. 모든 것이 불확실한 혼돈의 세계로 빠져들고 있었다. 하지만 잡스는 굴하지 않고 제품 발표를 추진해 나갔다.

그리고 마침내 10월에 아이팟(iPod)이 공개되었고 2001년 크리스마스 시즌에 아이팟은 인기상품으로 판매되기 시작했다.

9개월 동안의 진행과정

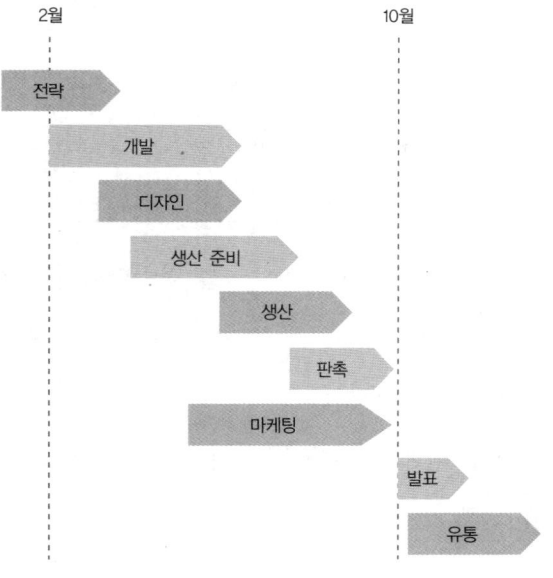

Part **8**

탁월하고 멋진 아이디어를
만드는 과정
- 위키 씽킹

Chapter 1

탁월하고 멋진 아이디어

'위키 씽킹(Wiki Thinking)'은 '탁월하고 멋진 아이디어'라는 뜻과 '지식의 공유, 직원의 참여에 의한 새로운 아이디어의 창조'라는 뜻을 가지고 있다.

● **집단 창의로 가는 길**

우리나라의 IT 기술과 컴퓨터 그래픽 기술은 세계적인 수준이다. 그러나 우리나라에서 개발한 3D 애니메이션 영화나 3D 컴퓨터 게임 이 세계적으로 인기를 끈 경우는 거의 없다.

리더의 탁월한 능력 덕분에 국내에서 잠시 성공을 거두는 듯하다가 도 이내 입지가 사그라든다. 이것은 리더 혼자의 창의성만으로는 100% 만족할 만한 성과를 올리는 것이 어렵기 때문이다.

다시 말해, 지식 서비스 산업에서는 개인의 창의력도 물론 중요하지만 '집단 창의'가 더 중요하다는 것을 의미한다.

　제조업이라면 뛰어난 한두 사람에 의해 개발된 상품을 대량생산할 수 있고 그것을 바탕으로 큰 성과를 낼 수 있다. 하지만 이 방식은 고객의 요구가 점점 다양해지고 차별화된 상품을 필요로 하는 요즘 시장 상황에서 유연한 대처가 어렵다는 단점이 있다.

　그동안 우리 기업들은 전통적인 제조업 방식의 획일화된 경영방식을 채택해왔다. 그러나 이제 업종과 상황에 따른 새로운 방식도 검토해 보아야 한다. 특히 철저히 획일화된 제조업 방식에서는 개인의 창의성과 집단 창의성을 살려내지 못하고 있다. 따라서 이 부분을 보강할 수 있는 새로운 리더십이 필요하며, 이를 통해 혁신적인 조직문화를 만들어가야 한다. 창의성 측면에서 리더십 스타일과 조직문화의 형태를 나누어 보면 다음의 네 가지 유형으로 분류가 가능하다.

창의 문화의 조직 매트릭스

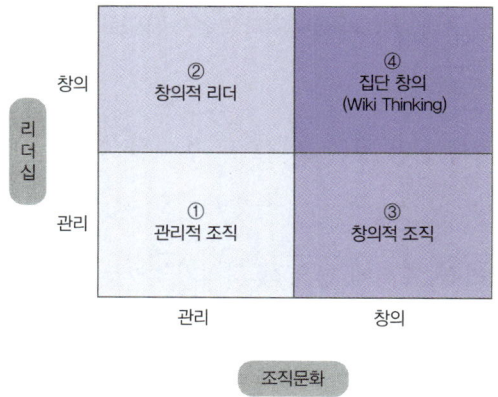

1. 리더십 스타일이 관리적이고 조직문화도 관리적이면 관리적 조직이라고 할 수 있다.

2. 리더십 스타일은 창의적이지만 조직문화가 관리적이라면 창의적 리더 영역에 속한다.

3. 리더십 스타일은 관리적이지만 조직문화는 창의적이면 창의적 조직이다.

4. 리더십 스타일과 조직문화 모두 창의적이면 집단 창의(Wiki Thinking) 유형이라고 말할 수 있다.

이 네 가지 유형 중 '창의적 리더'는 일시적으로는 존재하지만 어느 정도 시간이 지나면 '관리적 조직'의 형태로 바뀌어 버리며, 유형상 분류로는 '창의적 조직'이 존재하지만 현실적으로 이 유형은 존재하지 않는다. 결국 '관리적 조직'과 '집단 창의 조직'만이 존재할 수 있는 우리나라에는 대부분의 조직이 '관리적 조직'이라고 할 수 있다. 그리고 애플, 구글, 3M과 같은 기업은 '집단 창의'를 드러내는 조직이라고 할 수 있다.

관리적 조직에서 집단 창의 조직으로 변화할 수 있는 방법은 세 가지가 있다.

첫 번째는 관리적 조직에 창의적 리더가 나타나 2번을 거쳐 4번으로 가는 방법이며, 두 번째는 관리적 조직에서 창의적 조직문화를 만들어서 4번으로 가는 것이다. 그리고 세 번째는 관리적 조직에서 바로 4번으로 가는 것인데, 이를 위해서는 위키 씽킹(Wiki Thinking)이 필요하다. 집단 창의의 방법론을 공유하고 혁신 프로젝트를 진행함으로써 리더십과 조직문화를 집단 창의 유형으로 바꾸어 나가는 것이다.

잘 알다시피 '위키(Wiki)'란 하와이말로 '빠르다'는 뜻을 담고 있으며, 이 단어는 다시 여러 단어를 파생시켰다.

'위키위키(Wiki Wiki)'라는 컴퓨터 소프트웨어는 인터넷으로 누구나 함께 글을 써내려갈 수 있도록 지원한다. 이 위키 소프트웨어를 이용해서 누구나 글을 쉽게 올려서 백과사전을 만든 사이트가 바로 유명한 '위키피디아(Wikipedia)'이다. 전 세계 수많은 사람들의 지식을 공유함으로써 만들어진 위키피디아 백과사전은 참여와 공유정신이 잘 반영된 사례로 경제 · 경영의 새로운 패러다임을 만들어내기도 했다.

또, 돈 스텝톤 교수는 『위키노믹스(Wikinomics)』라는 책을 썼는데 이는 위키(Wiki)와 경제(Econimy)의 합성어이다. 그는 이 책을 통해 '참여와 공유, 창조의 새로운 경제가 열리고 있다'고 역설하고 있다.

이렇게 위키라는 말이 빠르다는 뜻을 담은 단어에서 다수의 지식 공유와 창조라는 의미까지 확장된 것에서 알 수 있듯이 '위키 씽킹

(Wiki Thinking)'은 '탁월하고 멋진 아이디어'라는 뜻과 '지식의 공유, 직원의 참여에 의한 새로운 아이디어의 창조'라는 뜻을 가지고 있다.

● 애플의 위키 씽킹

전 세계적으로 금융위기와 경제불황을 겪으면서 대량생산에 의한 규모의 경제가 붕괴되고 있다.

제조업체들이 대량생산을 통한 규모의 경제를 추구해 온 시기에는 기술 위주의 상품을 개발하고 기계화된 생산 시스템을 구축하여 효율과 생산성을 강조하는 경영방식을 채택하여 왔다.

그러나 더 이상 비슷한 제품을 대량으로 소비해 줄 시장이 사라졌으며, 제조업과 서비스업의 경계도 사라지고 있다.

애플은 제조업체이지만 공장을 가지고 있지 않다. 오히려 소프트웨어와 콘텐츠에 주력하고 있는 서비스업체 같은 느낌을 준다. 고객에게 하드웨어를 판매하는 것이 아니라 소프트웨어와 콘텐츠를 같이 제공하고 있는 솔루션 업체인 것이다.

애플은 제조업의 2차 산업과 서비스업의 3차 산업을 결합한 2.5차 산업이 이 시대에 경쟁력이 있는 모델임을 제시하고 있다.

서비스업 같은 제조업, 제조업 같은 서비스업을 만들어내려면 기계보다는 사람의 역할이 중요하다.

상품과 생산 시설의 자동화를 중요하게 여기는 경영방식을 채택하여 온 제조업 방식에서는 상품이 인간보다 우선시 되고 근로자들도 지식 근로자보다는 육체 근로자 위주로 구성되어 있다.

그러나 반대로 서비스 산업에서는 기계보다 인간이 중요해지고 육체 근로자보다 지식 근로자의 파워가 절실히 필요하다.

애플은 지식 근로자를 경영에 참여시키고 이들의 집단 창의를 이끌어내는 위키 씽킹 방식을 취하고 있다.

집단 창의는 집단 내에 있는 모든 사람이 위키 씽킹을 하는 것으로 이루어진다. 지식과 정보를 공유하고 조직 내의 모든 사람이 참여해서 창의적인 사고와 행동을 추구하는 것이다.

위키 씽킹 문화를 만들기 위해서는 일방적인 관리에 치우친 리더십을 넘어 직원과 소통하고 시장과 대화하는 리더십을 발휘해야 한다. 한 사람의 천재보다는 100명의 우수한 인재 풀(Pool)을 만들고 그들이 마음껏 창의성을 발휘하도록 지원해야 하는 것이다.

스티브 잡스는 성공과 실패를 번복하면서 개인의 창의성에서 집단 창의를 이끌어내는 리더로 변신하였고, 픽사를 집단 창의적으로 만들어 놓았으며, 지금의 애플을 가장 혁신적인 기업으로 이끌었다.

개발방식은 내부 기술에만 의존해서 얻어지는 것이 아니다. 새로운 가치를 만들어내기 위해서는 최고 전문가들과의 협력이 필요하며, 고객이 원하는 다양한 콘텐츠를 확보하고 고객과 소통할 수 있는 문을 열어두어야 한다.

마케팅에서 매스미디어의 광고에만 의존하는 것이 아니라, 리더가 직접 고객에게 이야기하고 고객이 참여하는 판촉활동을 중시하는 것도 집단 창의를 통한 가치 창출의 방법이다.

위키 씽킹 혁신

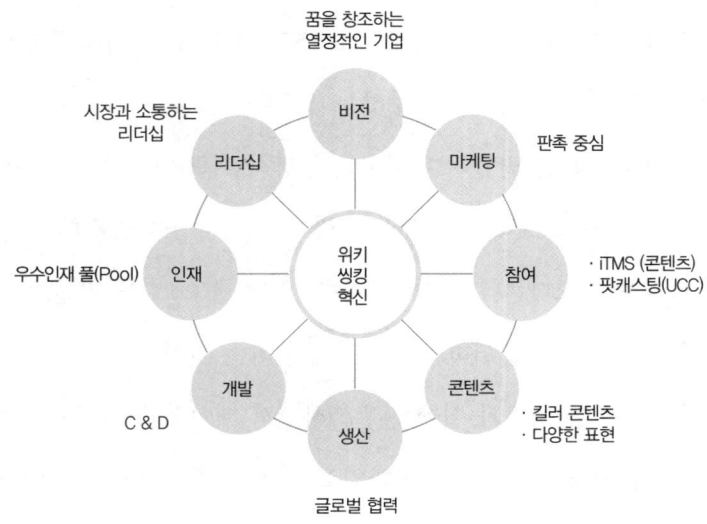

이러한 방법을 통해 애플은 아이팟(iPod)을 성공시켰고 이어서 아이폰(iPhone)의 성공에서도 같은 방법이 응용되었다.

잡스의 위키 씽킹은 애플 이전에 픽사에서도 실행된 바 있으며, 최근에는 월트 디즈니에도 이 방법이 전수되어서 노쇠했던 디즈니를 젊고 창의적인 회사로 바꾸어 놓는 데에 기여했다.

집단 창의 혁신은 잡스가 새롭게 만들어낸 경영방식으로서 위기에 처했던 픽사, 애플, 월트 디즈니를 초일류 기업으로 변화시켰다. 위키 씽킹은 지식 근로자의 창의와 열정을 이끌어내서 새로운 가치를 창조하는 혁신 방식이다.

● **위키 씽킹**의 과정

나는 오래 전부터 애플과 인연이 깊다. 내가 삼성전자의 컴퓨터 사업부 책임자로 있을 때 애플 컴퓨터의 한국 판매를 맡았었는데, 이때 애플 본사와 자주 왕래하였고 자연스럽게 애플 직원들과 많은 접촉이 있었다. 그후 10여 년 동안 컴퓨터 비즈니스 쪽에 근무하면서 애플과 계속 친숙하게 지낼 수 있었다.

그리고 이러한 경험을 바탕으로 2007년에 스티브 잡스에 대한 책을 쓴 바 있다. 이 책을 쓰면서 과거의 애플 컴퓨터 시절의 스티브 잡스와 지금의 스티브 잡스는 무엇이 변하였고, 무엇은 변하지 않았는가를 알 수 있었다.

그때나 지금이나 변하지 않는 것은 스티브 잡스 자신의 창의성이 여전히 뛰어나다는 점이다. 크게 달라진 점은 과거엔 그가 개인 창의성에 도취되어 있었지만, 지금은 집단 창의를 이끌어내고 있다는 점이다. 물론 지금의 그가 집단 창의를 이끌어낼 수 있었던 것은 '공유, 참여, 창의'의 위키 씽킹을 강조하였기 때문이다.

"품질을 좋게 하자"는 구호만으로 좋은 품질이 나오는 것이 아닌 것처럼 "창의성을 발휘하라"는 외침만으로 조직의 창의성이 살아나는 것은 아니다. 품질을 좋게 하려면 6시그마(Sigma)와 같은 기법과 프로세스가 있어야 하듯이 집단 창의성을 발휘하기 위해서도 적절한 프로세스와 툴(Tool)을 공유하는 것이 좋다.

개인의 창의성이 집단 창의로 이어지게 하는 사고가 바로 위키 씽킹이다. 위키 씽킹은 집단 내의 지식과 정보를 공유하고 조직 내의 모든 사람이 참여하여 새로운 생각을 하고 행동하게 한다.

조직 내의 여러 사람이 참여하여 새로운 생각과 행동을 추진하기 위한 '위키 씽킹(Wiki Thinking)'의 과정은 다음과 같다.

(W) Working Issue   – 핵심업무에 집중하라

(I) Investigate   – 본질을 분석하라

(K) Killer Idea   – 탁월하고 멋진 아이디어를 만들어라

(I) Idea Share   – 아이디어를 공유하고 실행하라

창의적인 사고는 고정관념과의 싸움이다.

이 전투에서 창의적인 생각이 살아남으려면 적절한 전략(Process)과 도구(Tool)가 요구된다. 한 사람이 아닌 여럿이 가진 집단적 고정관념을 깨기 위해서는 더욱 그렇다.

위키 씽킹의 과정과 각 단계에서 이용되는 툴은 다음과 같다.

위키(WIKI) 씽킹의 과정

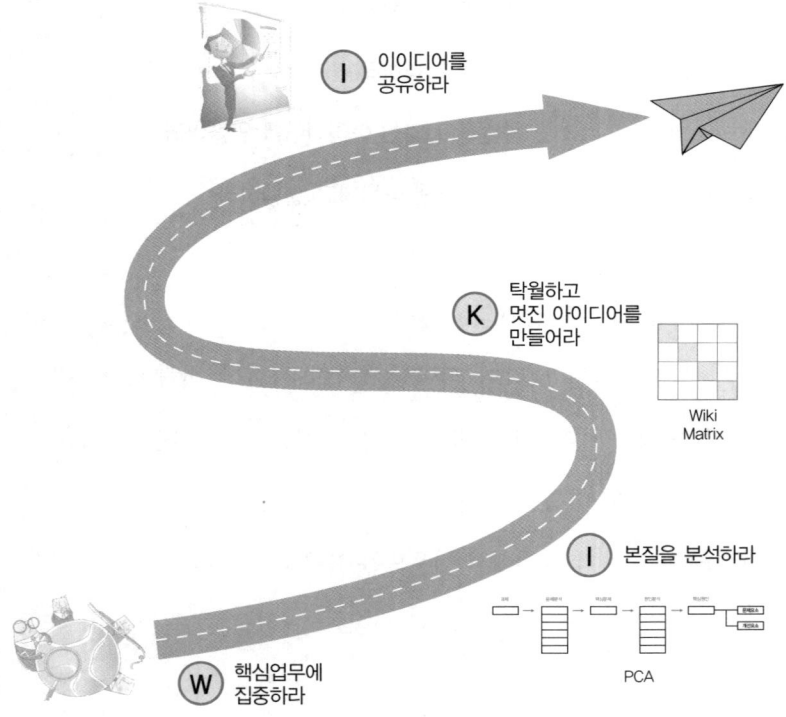

I 이이디어를
공유하라

K 탁월하고
멋진 아이디어를
만들어라

Wiki
Matrix

I 본질을 분석하라

PCA

W 핵심업무에
집중하라

Chapter 2

탁월하고 멋진 아이디어를 만드는 과정
– 위키 씽킹

남들이 성공한 일을 보고 그대로 흉내내면 모방이지만
그 성공의 원리를 해석해서 자신에게 적용할 수 있는 새로운 아이디어를 얻는다면 그것은 창의이다.

● 핵심업무에 집중하라 (**W**orking Issue)

꼭 일을 열심히 하는 회사가 성공하는 것은 아니다. 무슨 일을 어떻게 하느냐가 더 중요하다. 성장하지 못하는 회사에서도 직원들이 바쁘게 움직이고 연일 야근하는 경우를 종종 볼 수 있다.

이런 회사를 대상으로 혁신 워크숍을 진행하다 보면 십중팔구는 혁신과제가 한풀이 식으로 전개된다.

경영이 잘못되고 있는 것은 정책 탓이지 "자신들은 하라는 대로 했을 뿐이다"라는 태도이다. 막상 토론에 들어가면 "경기가 나쁘다",

169

"전략이 잘못 되었다", "인사제도가 잘못되어 있다" 등 자신이 해결할 수 없는 문제들만을 열거하기에 급급하다. 이런 주제들은 문제와 해답을 찾을 수 없는 의미 없는 토론으로 이어질 뿐이다.

혁신을 이루기 위해서는 업적(Performance)에 영향을 주는 요소를 혁신과제(Innovation Task)로 선택해야 한다. 캠브리지 대학의 린치(David Lynch) 교수가 개발한 퍼포먼스 피라미드(Performance Pyramid)는 퍼포먼스 향상에 영향을 주는 요소들을 정의해서 피라미드 형태로 배열한 것이다. 이것은 혁신과제를 찾아내는 데 좋은 모델이다.

피라미드 좌측에는 외부 효과에 영향을 주는 요소가, 우측에는 내부 효율을 향상시키는 요소가 배치되어 있다. 그리고 피라미드는 다시 네 개의 계층으로 이루어져 있다. 하단은 워크팀(Work Team) 레벨, 그 위에는 프로세스(Process) 레벨, 다시 그 위에는 전략(Strategy) 레벨로 구성되어 있고 상단에는 비전이 있다.

각 레벨에는 퍼포먼스 요소들이 배치되어 있는데 워크팀 레벨에는 '품질, 타임, 워크 플로우, 비용'이, 프로세스 레벨에는 '고객만족, 유연성, 생산성'이, 전략 레벨에는 '마켓, 재무'가 위치해 있다.

혁신과제(Innovation Task)를 정할 때에는 이 피라미드 내에 있는 요소를 혁신할 수 있는 과제를 선택한다.

퍼포먼스 피라미드

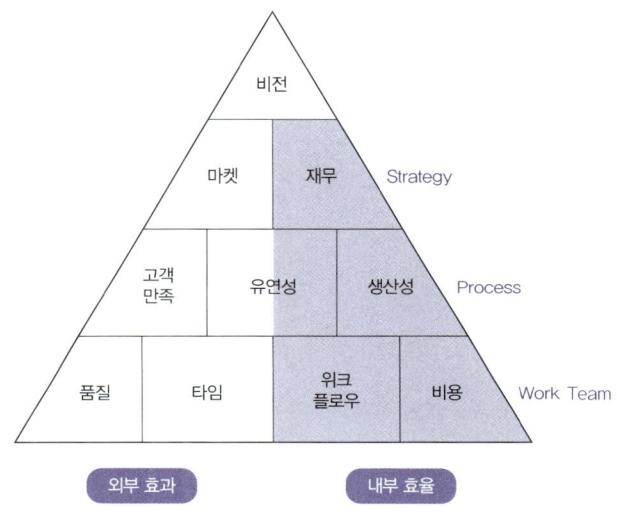

픽사도 창의성을 중요시하여 직원들에게 자유롭게 일할 수 있는 환경을 만들어 주지만 성과를 낼 수 있는 과제를 선정하여 이를 관리하고 있다.

픽사의 애드 캣멀 회장은 다음과 같이 말했다.

"우리 회사가 창의적인 조직이라서 조직원들이 성과를 측정할 수 없다고 생각하는데 전혀 그렇지 않다. 우리는 모든 과정의 진행 속도와 재작업 발생률, 특정 업무가 완성된 후에 다른 부서에 전달되었는지, 미완성 상태에서 내부 커뮤니케이션이 이루어졌는지를 모두 관리하고 있다. 이 데이터는 객관적 사실로 전달되기 때문에 구성원 간에 활발한 토의를 가능하게 하며 성과 향상에도 도움이 된다."

기능의 효율성을 높이기 위한 과제가 아니라 성과를 높이기 위한 구체적인 과제를 혁신과제로 선택해야 한다.

● 본질을 분석하라 (Invastigate)

문제가 발생하여 회의를 하다 보면 문제가 꼬리를 물고 이어져 시간이 한참 흐른 뒤에는 처음과 다른 문제를 가지고 씨름하고 있는 상황이 벌어지기도 한다.

이럴 때는 종일 토의를 해도 문제만 더 복잡해지고 해결안은 점점 멀어지는 듯하다. 계속해서 문제를 전개하기만 했지, 주요 문제를 찾아내거나 핵심문제로 수렴하지 못했기 때문이다.

물론 한꺼번에 모든 문제를 해결할 수는 없다. 하지만 문제에 대해 토의를 벌이되 핵심문제가 무엇인지, 그리고 그 핵심문제가 발생하게 된 원인이 무엇인지를 파악하여 근본원인을 해결해야만 한다.

문제의 요인을 분석하여 문제를 객관화할 때 유용하게 쓰이는 방법이 문제원인 분석(PCA; Problem Cause Analysis)이다. 문제원인 분석(PCA)은 로직 트리(Logic Tree) 방식으로 문제와 원인을 전개시키지만, 각 단계에서 핵심문제와 핵심원인으로 한 번씩 수렴하는 단계를 거친다는 의미에서는 멀티 트리(Multi Tree) 방식이라고 볼 수 있다.

문제를 분석할 때는 10~15가지 정도의 문제를 열거하여 누락된 문제가 없도록 하고 그중에서 핵심문제가 무엇인지를 선정하여 하나로 압축한다. 이제 선정된 핵심문제 하나에 대해서 그 문제의 발생원인이 무엇인지를 살핀다. 그리고 누락 원인이 없는지에 대해 10가지 정도를 나열한 후 그중에서 핵심원인 하나를 선정한다.

이처럼 문제와 원인을 전개하고 수렴하는 과정을 거치면 문제의 본질이 무엇인지가 분명해진다.

문제원인 분석(PCA)

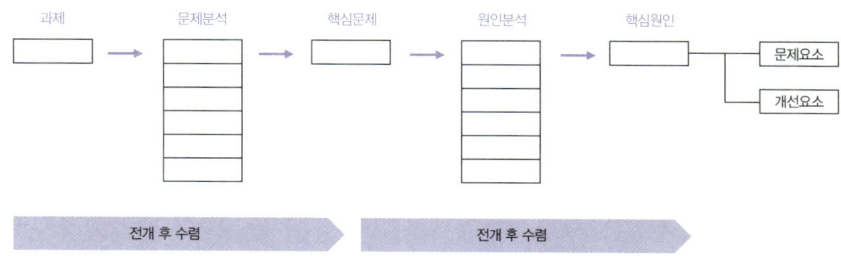

● 탁월하고 멋진 아이디어를 만들어라 (Killer Idea)

"고정관념을 깨라"고 말은 하지만 무엇이 고정관념인지는 불분명하고 어떻게 해야 그것을 깨는 것인지를 대부분의 사람들은 잘 알지 못한다. 그래서 자신의 주관적인 판단에 의해 생각하고 행동하는 일을 반복하게 되는 것이다.

고정관념을 깨는 방법 중의 하나는 자신이 생각한 문제와 해결안을 객관화(客觀化)시키는 것이다.

자신의 문제를 퍼포먼스에 영향을 주는 문제로 전환시켜 보자. 퍼포먼스에 영향을 주는 요소들은 퍼포먼스 피라미드(Performance Pyramid)에서 이미 정의해 놓았기 때문에 이 요소로 전환하면 문제의 객관화가 이루어지게 된다.

그리고 문제의 객관화가 이루어지면 이런 문제들을 해결한 해결원리를 볼 수 있고, 그 원리에 의해 문제를 해결한 사례로 볼 수 있어 해결방안의 객관화도 이루어질 수 있다.

문제원인 분석(PCA) 단계에서 찾은 핵심문제와 핵심원인을 퍼포먼스 피라미드의 파라미터로 바꾸어 보자. 업종이나 기업에 따라 다양한 문제와 원인이 열거되겠지만, 문제와 원인을 몇 가지의 퍼포먼스 파라미터로 전환하는 일에는 상상력과 응용력이 필요하다.

퍼포먼스 피라미드에는 4개의 레벨과 10가지의 요소가 있는데, 이중 자신의 문제가 어느 레벨에 해당되는지를 찾아본다.

만약 워크팀 레벨의 문제라면 그에 속하는 4가지 요소인 '품질, 시간, 워크 플로우, 비용' 중에서 어느 것과 유사한 문제인지를 유추해 본다.

이때 주의할 점은 수많은 문제 유형과 파라미터 요소가 일 대 일로 정확히 맞아떨어지지는 않기 때문에, 그 문제의 의미가 무엇이고 파라미터 요소의 의미가 무엇인지를 생각하여 짝짓기 작업을 해야 한다는 것이다.

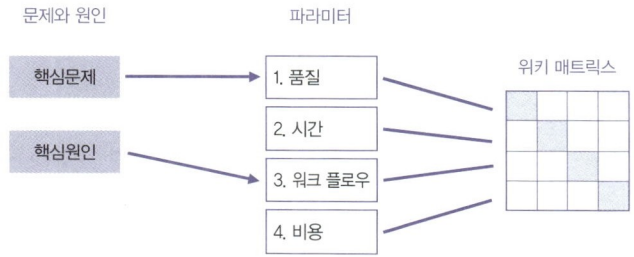

● **거인의 어깨 위에서 생각하라**

고정관념을 깨기 위해 그룹토의를 한다. 그러나 그룹토의를 해도 그 집단의 한계를 벗어나지는 못한다.

미국 속담에 "당신은 무엇을 모르고 있는지를 모르고 있다 (You don't know what you don't know)"는 말이 있다.

집단의 고정관념을 뛰어넘는 새로운 아이디어를 창출하려면 대안이 다양해야 한다. 기존의 해결안보다 훨씬 뛰어나고 참신한 해결안을 찾기 위해서는 많은 대안을 마련하고, 그중에서 최고의 아이디어를 선택하는 것이 좋다.

그룹 씽킹과 달리 위키 씽킹은 최고의 아이디어를 내기 위해 문제를 객관화시키고 매트릭스를 이용하여 새로운 대안을 찾도록 한다.

이 매트릭스는 퍼포먼스에 영향을 주는 요소들 간의 상충 작용을 최소화한 아이디어를 찾아내게 한다.

따라서 '품질을 올리려니 비용이 높아지는 문제', '시간을 단축하려니 품질이 낮아지는 문제', '비용을 줄이려니 시간이 오래 걸리는 문제' 등 어느 하나를 개선하려 할 때 다른 요소가 악화되는 상충적(Trade off) 문제를 제거한 최고의 아이디어를 찾아내야 한다.

위키 매트릭스는 이처럼 상충되는 문제를 해결하고 최고의 아이디어를 찾아내는 데 도움을 준다.

위키 매트릭스는 스티브 잡스와 같은 비즈니스 천재들의 성공 아이디어를 데이터 베이스로 만들어 놓은 것이다. 천재들의 아이디어를 보는 것은 거인(巨人)의 어깨 위에 올라서서 문제의 해결안을 생각하는 것과 같다. 위키 매트릭스에는 수많은 경우에 대한 성공 아이디어가 들어있는 바, 자신과 비슷한 상황을 찾아보려면 문제요소를 파라미터(Parameter)로 전환하여 매트릭스에 대입하여야 한다. 위키 매트릭스는 A요소와 B요소 간의 상충작용을 최소화하는 해결원리를 매트릭스의 셀(Cell) 안에 담고 있다.

따라서 핵심문제와 핵심원인을 퍼포먼스 파라미터로 전환하여 매트릭스의 'X'와 'Y' 축에 대입하면 교차되는 지점에서 그 문제를 해결할 수 있는 원리를 제시해 준다.

여기에서는 워크팀 레벨의 매트릭스를 예로 들었으며, 프로세스 레벨과 전략 레벨의 매트릭스는 부록에 첨부되어 있다.

위키 매트릭스

Work Team

개선요소 \ 문제요소	품 질	시 간	워크 플로우	비 용
품 질		품질 ↑ 시간 ↑ 01, 05, 10, 15, 24	품질 ↑ Wf ↑ 02, 10, 20, 26, 34	품질 ↑ 비용 ↑ 01, 24, 25, 31, 32
시 간	시간 ↓ 품질 ↓ 02, 03, 20, 30, 32		시간 ↓ Wf ↑ 03, 05, 15, 19, 25	시간 ↓ 비용 ↓ 05, 20, 25, 27, 34
워크 플로우	Wf ↓ 품질 ↓ 03, 12, 20, 31, 39	Wf ↓ 시간 ↑ 02, 05, 10, 24, 39		Wf ↓ 비용 ↓ 10, 24, 25, 27, 34
비 용	비용 ↓ 품질 ↓ 01, 06, 08, 25, 35	비용 ↓ 시간 ↓ 05, 10, 24, 27, 31	비용 ↓ Wf ↓ 13, 15, 24, 25, 31	

매트릭스의 각각의 셀(Cell)에는 해당 문제를 해결할 수 있는 해결원리가 4~6개 정도 들어 있다.

해결원리들은 세계 일류기업이나 비즈니스 천재들이 비슷한 문제에서 해결한 원리를 해석해서 압축해 놓은 것이다.

위키 매트릭스는 세 가지 유형으로 구성되어 있으며, 이는 퍼포먼스 피라미드 각 레벨의 요소를 매트릭스로 구성한 것이다.

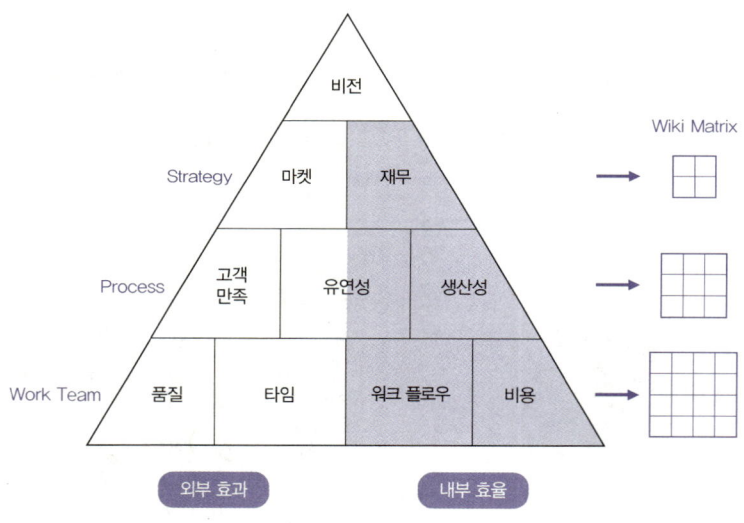

● 아이디어를 공유하고 실행하라 (Idea Share)

남들이 성공한 일을 보고 그대로 흉내내면 모방이지만 그 성공의 원리를 해석해서 자신에게 적용할 수 있는 새로운 아이디어를 얻는다면 그것은 창의이다.

러시아의 알츠슐러 박사는 특허 20만 건을 분석하여 성공원리를 40가지로 정리한 뒤 이것에 '40가지 해결원리'라는 이름을 붙였다. 이것에는 각각 수십 가지의 문제해결 사례가 들어 있다.

해결안 모색 단계에서는 위키 매트릭스를 이용해서 찾아낸 해결원리를 해석하고, 새로운 사례를 보면서 자신의 문제를 해결할 수 있는 힌트를 제공받을 수 있다. 위키 매트릭스의 해당 셀(Cell)에는 4~6가지의 해결원리가 들어 있으며 각각의 해결원리를 해석하고 있다.

40가지 해결원리 중 몇 가지를 살펴보면 다음과 같다.

(전체 40가지 해결원리는 부록에 첨부되어 있다.)

01 나누어라

02 뽑아내라

03 국부적으로 최적화하라

⋮

39 안정시켜라

40 융합하라

'01 나누어라'라는 원리에는 다시 여러 가지의 사례가 들어 있다.

『A. 독립적 하위 시스템으로 나누어라

　－ 닌텐도 게임기의 화면을 두 개로 분할했다

　－ 사우스웨스트 항공은 업무를 작은 단위로 나누고 간소화해서 업무처

　　리 속도를 향상했다

　－ 재품단위별로 조직을 분할한다』

　이상의 사례들을 들여다보면 자신의 문제를 해결할 수 있는 아이디어의 힌트를 얻을 수 있다.

새로운 아이디어를 얻는 과정

　팀으로 모여서 문제를 분석하고 해결방안을 토의하다 보면 해결방안을 구성원들이 공유하게 된다. 새로운 아이디어에 대해 공유를 해야만 구체적인 실행방안을 찾아낼 수 있고, 같이 모여 만든 실행안은 실행으로 옮길 수 있다.

Chapter 3

탁월하고 멋진 아이디어를 내는 위키 컴퍼니

결국, 협력개발과 협력생산을 통해 MP3 플레이어가 생산되었다.

픽사(Pixar)는 3D 애니메이션 영화의 제작사로서 서비스업종으로 분류되고, 애플은 컴퓨터를 생산하는 제조업에 속해 있다. 하지만, 스티브 잡스는 이 두 회사의 경영문제를 창의적으로 해결했다.

업종이 다르고 문제상황이 다르지만 그가 문제를 해결하는 방법은 비슷했다. 그는 문제를 객관적으로 분석하고 이를 창의적으로 해결하는 프로세스와 방법을 알고 있었다.

잡스가 픽사와 애플의 문제를 해결하는 과정과 아이디어를 위키 문제 해결(Wiki Problem Solving)의 방법론으로 정리해 보면 다음과 같다.

● 픽사의 탁월하고 멋진 아이디어

픽사는 1991년에 월트 디즈니와 장편 3D 애니메이션 영화를 제작한다는 협약을 체결한다.

그동안 디즈니는 손으로 그리는 애니메이션 영화는 수없이 제작해 보았지만, 컴퓨터를 이용하는 3D 애니메이션 영화의 제작에는 경험이 없었다. 반면 픽사는 3D 단편 영화는 제작해 보았지만, 스토리가 있는 장편 영화는 이번이 처음이었다.

디즈니는 스토리에 자신이 있지만 컴퓨터 그래픽 기술이 없었고, 픽사는 3D 그래픽 기술은 있었지만 스토리 능력이 없었기에 공동 제작이 이루어졌다. 3D 애니메이션 영화는 제작기간이 4~5년 이상 걸리는 작업이어서, 디즈니는 2년 정도 지난 후에 중간 점검을 하였다.

픽사가 2년 동안 작업한 내용을 검토한 디즈니는 매우 실망했다. 지나치게 기술에 치우쳐 있어서 재미가 없고 어린이 만화영화 같은 유치한 수준의 애니메이션이었기 때문이었다.

실망한 디즈니는 픽사에 제작 중단 통보를 하기에 이른다. 자금 사정이 여의치 않아 디즈니가 지원하는 자금으로 회사를 운영하던 픽사는 회사의 문을 닫아야 할 급박한 상황에 처하게 되었다.

이런 심각한 상황에서 잡스와 픽사의 경영진이 어떻게 문제를 해결하였는지는 다음과 같이 추정해 볼 수 있다.

이 시점에서 잡스가 해결해야 할 과제는 '재미있는 3D 애니메이션 영화를 제작' 하는 것이다. 과제가 실행되지 못하고 있는 문제를 분석해 보면 다음과 같다.

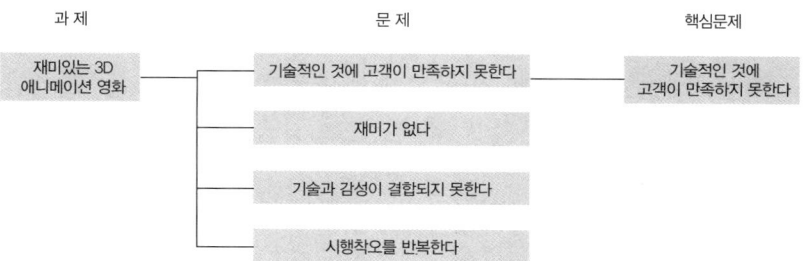

여러 문제가 열거되었으나 이중 핵심문제로 거론된 것은 '기술적인 것에 고객이 만족하지 못한다' 이다.

이때 고객은 1차적으로 디즈니이고, 2차적으로는 영화를 보는 관람객이 될 수 있다. 이어서 '기술적인 것에 고객이 만족하지 못한다' 는 핵심문제의 발생원인을 분석해 본다.

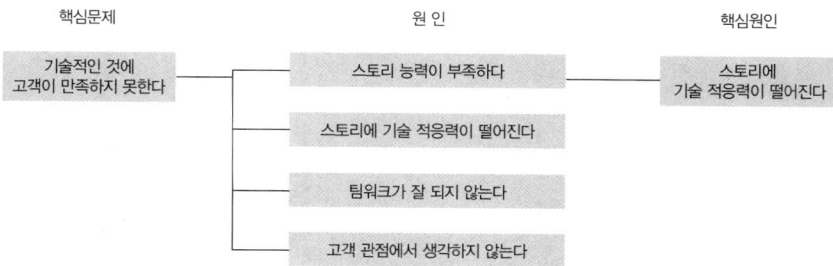

많은 원인이 나열될 수 있겠지만 그중 포착된 핵심원인은 '스토리에 기술 적응력이 떨어진다'이다.

핵심문제를 해결하려면 원인이 무엇인지를 파악하고 문제와 원인을 동시에 해결해야 한다. 그러기 위해서는 위키 매트릭스에 이 두 요인을 파라미터로 전환하여 대입해야 한다.

핵심문제인 '기술적인 것에 고객이 만족하지 못한다'는 '고객만족'이라는 파라미터로, '스토리에 기술 적응력이 떨어진다'는 '유연성'이라는 파라미터로 변환시켜 위키 매트릭스에 대입한다. 이제 몇 가지의 해결원리가 제시된다.

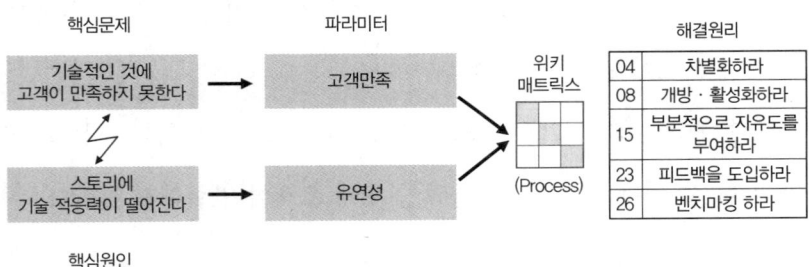

이때 위키 매트릭스의 '고객만족'과 '유연성'이 만나는 셀(Cell)에는 다섯 가지의 해결원리가 들어있다.

04 차별화하라

08 개방 · 활성화하라

15 부분적으로 자유도를 부여하라

23 피드백을 이용하라

26 벤치마킹 하라

위키 매트릭스에서 제시된 해결원리는 문제를 해결하는 데 도움이 되는 힌트 역할을 한다. 다섯 가지 해결원리를 응용하면 픽사의 문제를 해결하기 위해 다음과 같은 아이디어를 끌어낼 수 있다.

	해결원리	새로운 아이디어
04	차별화하라	· 3D 기술에 스토리의 재미성을 부가하여 차별적인 영화를 만든다
08	개방 · 활성화하라	· 창의적 인재가 자유롭게 일할 수 있도록 한다
15	부분적으로 자유도를 부여하라	· 제작팀별로 제작 자율권을 부여한다
23	피드백을 도입하라	· 두뇌위원회에서 스토리에 대한 의견을 피드백 한다
26	벤치마킹 하라	· 픽사 유니버시티를 설립하여 기술과 스토리 교육을 실시한다

잡스는 픽사의 문제해결을 위해 디즈니의 스토리 능력을 도입하여 재미있는 3D 애니메이션 영화를 만들도록 업무계획을 수정한다. 그리고 창의적인 기업문화를 만들기 위해 인재들이 자유롭게 일할 수 있는 환경을 조성하였다.

또, 각각의 제작팀에 자율권을 최대한 부여하고 이들이 아이디어의 도움을 얻고자 할 때 조언을 줄 수 있는 두뇌위원회(Brain Trust)를 운영했다. 그리고 직원의 능력향상과 각 분야의 전문가들이 다른 부분의 기능을 배울 수 있도록 픽사 유니버시티(Pixar University)를 설립하여 사내에 운영했다.

이러한 시스템을 통해 초기의 〈토이 스토리〉는 다각도로 수정되어서 디즈니의 승인을 받아 제작이 재개되었고, 구성원들의 집단 창의성으로 제작이 완료되어 개봉과 동시에 대히트를 치게 되었다.

● **애플의 탁월하고 멋진 아이디어**

스티브 잡스는 2001년 2월에 MP3 플레이어 개발을 선언하고 같은 해 10월 말까지 플레이어를 생산하여 시중에 출하할 수 있어야 한다는 목표를 설정했다.

당시 애플은 MP3 플레이어에 대해 아무런 기술도 가지지 않은 상태였고 생산시설은 전무하였다. MP3 플레이어를 만든다는 것은 무모하고 불가능할 것 같았다. 하지만 잡스는 가능한 일이라고 생각했다.

그는 '8개월 내에 MP3 플레이어의 개발·생산을 완료해야 한다'를 주요 과제로 삼았다. 이 주요 과제를 두고 잡스와 경영진들은 과제

실현을 막는 문제에는 어떤 것들이 있는가를 분석했다.

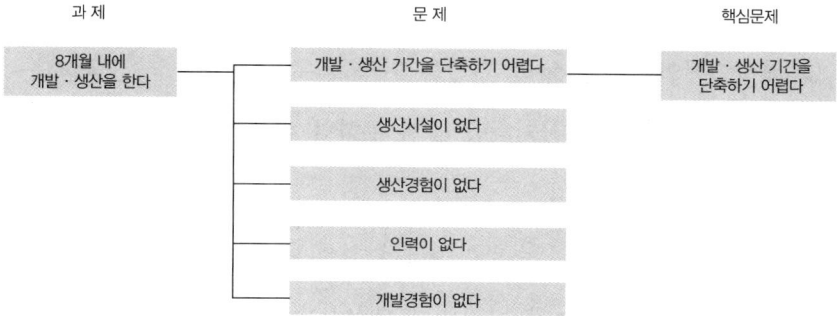

핵심문제는 '개발 · 생산 기간을 단축하기 어렵다' 로 정해졌다.

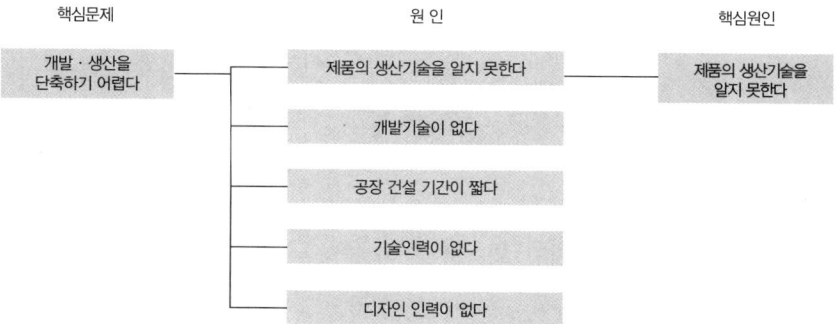

그리고 핵심문제의 원인을 분석한 결과 '제품의 생산기술을 알지 못한다' 는 핵심원인을 이끌어냈다.

핵심문제를 해결하기 위해서는 원인이 무엇인지를 파악하여 문제와 원인을 동시에 해결해야 한다. 그리고 핵심문제와 핵심원인을 동시에 해결할 수 있는 위키 매트릭스에 두 요인을 파라미터로 전환하여 대입한다.

핵심문제인 '개발·생산 기간을 단축할 수 있다'는 '시간'이라는 파라미터로, '제품 생산기술을 알지 못한다'는 '품질'이라는 파라미터로 바꾸어 볼 수 있다.

'시간'과 '품질'이라는 파라미터를 위키 매트릭스에 대입하면 이 문제를 해결할 수 있는 몇 가지의 해결원리가 제시된다.

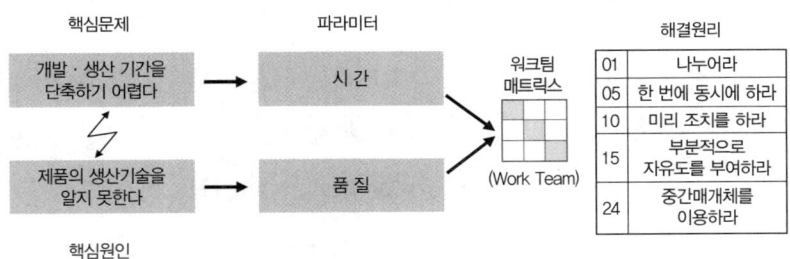

위키 매트릭스의 '시간'과 '품질'이 만나는 셀(Cell)에 해당하는 다섯 가지 해결원리는 다음과 같다.

01 나누어라

05 한 번에 동시에 하라

10 미리 조치를 하라

15 부분적으로 자유도를 부여하라

24 중간매개체를 이용하라

위키 매트릭스에서 제시된 다섯 가지의 해결원리는 문제를 해결하는 데 훌륭한 힌트이다. 이 해결원리를 응용하면 다음과 같은 아이디어를 낼 수 있다.

	해결원리	새로운 아이디어
01	나누어라	· MP3 플레이어 프로젝트팀을 별도로 분리한다
05	한 번에 동시에 하라	· 개발, 디자인, 생산 준비를 동시에 진행한다
10	미리 조치하라	· 기존의 플랫폼과 부품을 이용한다
15	부분적으로 자유도를 부여하라	· 디자인 매니저에게 자유를 부여한다
24	중간 매개체를 이용하라	· 생산전문업체(중국 심천)에 위탁 생산한다

잡스는 기존의 컴퓨터 사업과는 완전히 분리해서 MP3 플레이어 프로젝트팀을 운영했다. 우선 시간의 단축을 위해 개발, 디자인, 생산 준비를 동시에 진행했다.

또, MP3 플레이어 개발에 소요되는 시간단축을 위해 기존의 MP3 플레이어의 설계 플랫폼(Platform)을 외부에서 라이센싱하고, 부품의 확보가 쉽도록 표준화된 부품을 설계에 반영했다.

그리고 심플하고 아름다운 디자인의 확보를 위해 CDO(Chief

Design Officer)를 임명하고, 디자인에 관한 한 CDO에게 자유도를 부여했다. 생산기술과 시설을 내부에서 확보하기보다는 전자제품 생산 전문 회사와 협력했으며, 홍콩과 가까이 있어서 물류가 용이한 중국 심천(深川)에 위탁 생산을 맡겼다.

결국, 협력개발과 협력생산을 통해 그해 10월 MP3 플레이어가 생산되었다.

Chapter 4

위키 씽킹의 응용

위협요소가 기업의 새로운 혁신 요구를 부상시키고
직장인들의 자기계발 욕구를 강화하는 기회를 만들 수도 있다.

● 새로운 아이디어를 만들어내는 **위키 워크숍**

최근 경영에 큰 이슈가 되는 다양한 책들이 출간되어 새 바람을 불러일으키고 있다. 하지만 그 중 대부분은 지극히 개념적인 내용이어서 기업에서 실행에 옮기기에는 문제가 많다.

현업에서 실행하기에는 새로운 혁신 기법이 너무 동떨어지거나 실행에 대한 구체적인 방법론이 미흡한 것이다. 새로운 기법이 부딪히는 애로사항 등이 아직 검증되지 못했다는 문제도 있다.

그러나 위키 문제해결법은 실제 현업에서 제대로 시행될 수 있도록

191

하기 위해 국내 기업에서 여러 번 검증 절차를 거쳤다.

우선 '하나은행'의 임원 워크아웃 과정을 함께하며 위키 문제해결법의 여러 부분을 수정하였고, 그후 '현대캐피탈'의 실무과정에 워크숍 형태로 적용해 본 결과 수월하게 진행할 수 있었다.

작은 단위의 조직에서 전체적으로 위키(Wiki)를 도입한 곳은 '예메디칼'이다. 병원이라는 특수성을 감안하여 5~20명 정도의 소규모 조직으로 운영하면서 한 조직 내에 톱과 실무자가 함께 움직이도록 하여 위키 개념을 성공적으로 도입할 수 있었다.

'대교 눈높이'는 대규모 조직이면서 단위 부서별로 독립적으로 움직이는 회사이다. 학습 지도교사가 전국의 교육팀별로 각각 움직이면서도, 본사에서 통합적으로 교재 개발과 지도 프로그램을 운영하고 있어서 전략적인 문제와 전술적인 문제를 동시에 안고 있었다.

우리는 대교그룹 각 부문의 관리자들을 대상으로 위키 문제해결 워크숍을 진행했다.

이중 한 팀(지역의 교육팀)의 토의결과를 보면 다음과 같다. 이 팀은 외부 환경과 고객들의 니즈를 감안하여 '교육 전문가로서 교사를 양성'이 지역 교육팀장의 주요 과제라고 생각했다.

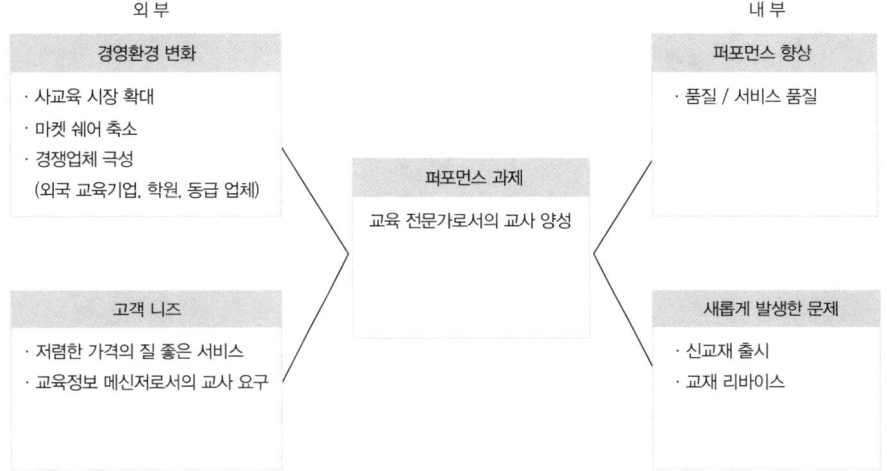

위키 문제해결을 위해, 이 팀은 교육 전문가로서 교사가 제대로 양성되지 못하는 문제점에 대해 토의했다.

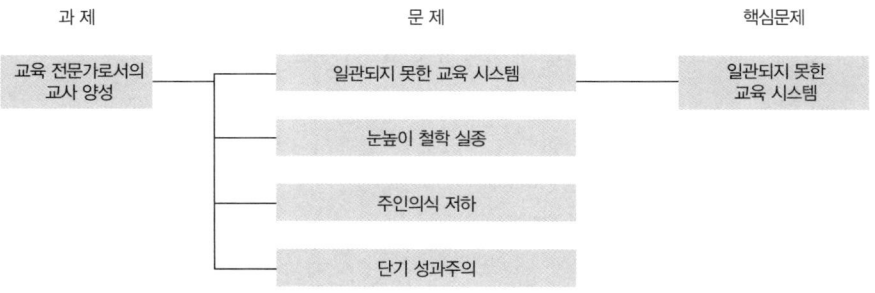

15가지 정도의 문제점들이 열거되었고, 이중 '일관되지 못한 교육

시스템'이 핵심문제로 떠올랐다. 이 팀은 왜 이런 문제가 발생되는가
의 원인에 대해 다시 토의했다.

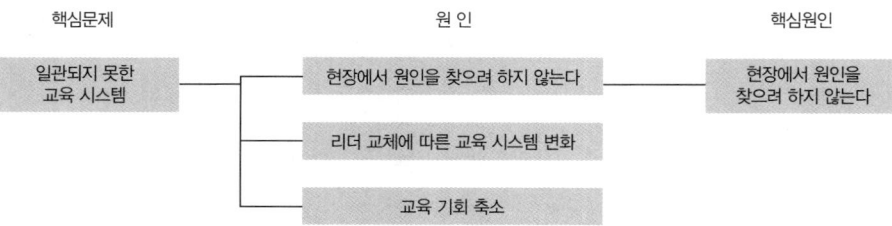

핵심문제에 대해 10여 가지의 원인들이 열거되었고, 이중 '현장에
서 원인을 찾으려 하지 않는다' 가 핵심원인으로 드러났다.

팀원들의 토의를 거쳐 선정된 핵심문제와 핵심원인을 해결하기 위
해 위키 매트릭스에 요인들을 대입하는 과정이 남았다.

'일관되지 못한 교육 시스템' 은 '고객만족' 이라는 파라미터로, '현
장에서 원인을 찾지 않는다' 는 '유연성' 이라는 파라미터로 전환될 수
있다.

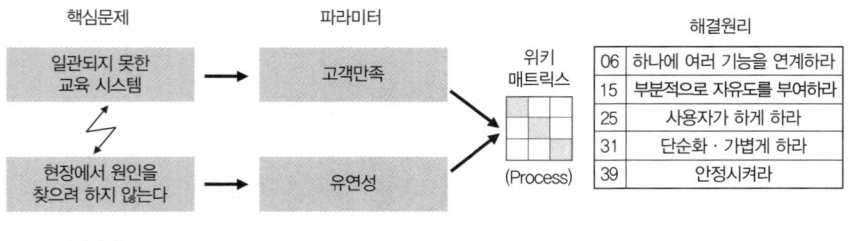

그리고 두 파라미터를 위키 매트릭스에 대입하면 해당되는 셀(Cell)에서 몇 가지 해결원리가 제시되는데, 위키 매트릭스를 통해 제시된 다섯 가지 해결원리는 다음과 같다.

06 하나에 여러 기능을 연계하라

15 부분적으로 자유도를 부여하라

25 사용자가 하게 하라

31 단순화·가볍게 하라

39 안정시켜라

이 팀은 이러한 해결원리를 토대로 다시 토의를 거친 결과, 다음과 같은 새로운 아이디어를 도출할 수 있었다.

	해결원리	새로운 아이디어
06	하나에 여러 기능을 연계하라	전자학습책상(Joy Study Table)을 활용하여 학습요소와 더불어 흥미요소를 부여하며 매일 규칙적으로 학습에 임하는 학습습관을 정착시킨다.
15	부분적으로 자유도를 부여하라	9개월 이내에 적어도 꼭 필요한 3~4가지 교육을 사이버 및 직접 강의를 통해 교사의 역량을 키우는 도구로 활용한다.
25	사용자가 하게 하라	현재 사용하고 있는 PDA의 명칭을 '또 하나의 선생님' 등의 친근하고 부르기 쉬운, 늘 옆에 있어 도움이 되는 매체로 인지하게 한다. 콘텐츠도 단순한 해답의 차원을 넘어 교육정보를 동영상으로 시청할 수 있도록 재미요소를 첨가한다. 카메라 기능으로 회원과 학습장면을 찍어 학부모에게 전송하면 PDA 하나만으로도 교육정보의 메신저 역할까지 겸한 교육 전문가로서의 모습을 갖추게 된다.
31	단순화·가볍게 하라	늘 출근하는 사무실 환경에 변화를 준다. 줌마렐라를 지향하는 미시 교사분들과 뉴요커 스타일을 원하는 20~30대 초반 교사들을 위해 사무실 한 공간을 휴식의 공간(작은 정원과 차와 음악이 있는 공간)으로 한다. 벽면은 새로운 패션 아이템들을 주기적으로 바꾸어 감성을 자극시킨다. 내부직원 만족이 밝은 분위기를 만들면 외부고객 만족으로 이어져서 좀 더 당당한 교육 전문가가 될 수 있다.
39	안정시켜라	학습 이력에 따른 N-Card제를 도입하고 회원들에게 평생 교육의 이미지와 더불어 대학입학금 지원도 부여하여 회원과 학부모에게 큰 만족을 주는 프리미엄 회원제를 만든다.

※ 6번은 장기적 관점의 실행방법이며, 25, 15, 31, 39번은 6~9개월 이내 시스템 구축과 실행이 가능하다.

위키 문제해결법에 의해 해결된 아이디어들은 이전에는 미처 생각하지 못했던 새로운 아이디어들이었고, 현업에서 바로 실행에 옮길 수 있는 구체적인 아이디어였다.

● 위키 씽킹이 나를 바꾼다

"'중이 제 머리 못 깎는다'는 속담처럼, 위키 씽킹(Wiki Thinking)을 교육하는 사람이 위키 씽킹을 하지 못하시네요."

6~7년 전부터 잘 알고 지내는 한 CEO가 나에게 한 말이다. 곰곰이 생각해 보니 다른 사람들에게는 창조적 사고를 하라고 해놓고 막상 나는 그렇지 못한 것 같다.

반성하는 의미에서 내 자신이 먼저 '스티브 잡스처럼 생각하라'를 실천해 보기로 했다.

나는 그동안 우리 회사의 비즈니스 플랜을 마케팅 계획 형태로 짜왔다. 계획이 없는 것보다는 나았지만 참신한 아이디어는 적었던 것이 사실이다. 그래서 이번 기회에 위키 씽킹 방식으로 비즈니스 플랜을 새로 짜보았다.

우선 자신의 입장을 객관적으로 조망해 보는 SWOT(Strength, Weakness, Opportunity, Threat) 분석을 해보았다. 세계적인 금융 쇼크로 국내외 경기가 침체되어 있는 현 상황에서 기업교육 시장과 출판 시장은 크게 위축되어 있다.

하지만 이런 위협요소가 기업의 새로운 혁신 요구를 부상시키고 직장인들의 자기계발 욕구를 강화하는 기회를 만들 수도 있다.

나는 조직력과 자금력 모두 취약하고 차별화된 교육 프로그램을 가지지 못했다는 단점이 있다. 반면 여러 권의 경영 도서를 저술한 경험이 있어 풍부한 콘텐츠를 가지고 있고, 대학교수로 활동하고 있으며, 컨설팅 회사를 운영했던 경력을 가진 것이 장점이다.

시장의 변화와 나 자신의 강약점을 분석해 보니 새로운 기회를 잡을 수도 있겠다는 생각이 들었다.

그리고 나의 새로운 경영 기법과 컨설팅 회사의 경력을 살려서 'MBA 컨설팅'이라는 새로운 컨셉(Concept)을 설정하였다. MBA 컨설팅은 기업고객에게 MBA 수준의 교육과 개별적인 컨설팅을 동시에 실시하는 교육 컨설팅 서비스를 말한다.

다음으로는 MBA 컨설팅이라는 새로운 컨셉을 수행하기 위해 어떤 아이디어와 실행이 필요한지를 위키 씽킹 방식으로 생각했다. 과제는 '시장 니즈에 맞는 차별화된 프로그램의 개발'로 정했다. 그리고 이 과제를 수행하는 데 고려해야 하는 문제점을 다음과 같이 정리했다.

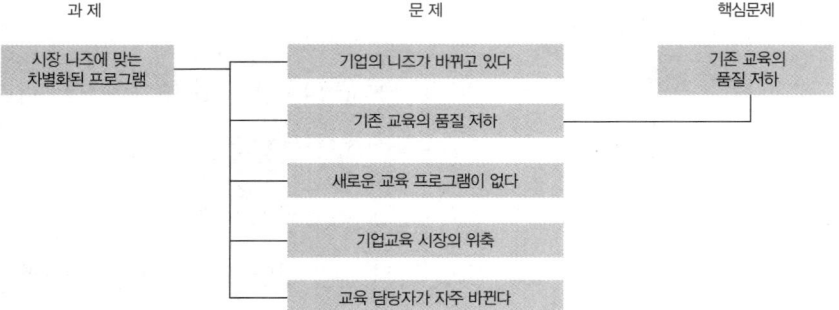

문제분석을 통해 핵심문제로는 '기존 교육의 품질 저하'가 선정되었다. 핵심문제의 발생원인을 분석하면 다음과 같다.

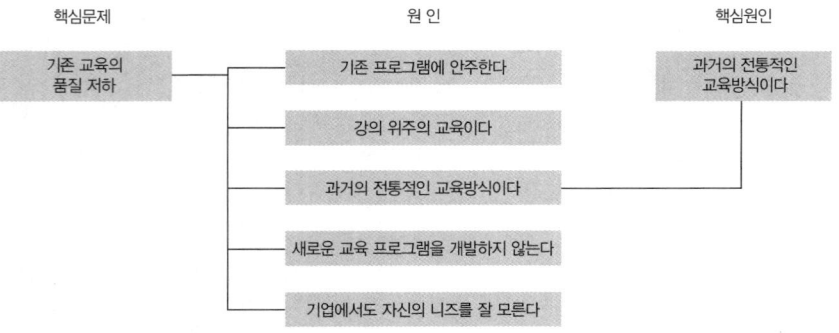

원인분석을 통해 밝혀낸 핵심원인은 '과거의 전통적인 교육방식을 답습하는 것'이었다. 문제원인 분석(Problem Cause Analysis)을 통해

서 핵심문제와 핵심원인을 선정해서 이를 위키 매트릭스에 대입하기 위해 파라미터로 바꾸는 작업을 하였다.

핵심문제인 '기존 교육의 품질 저하'는 '품질'이라는 파라미터로, 핵심원인인 '과거의 전통적인 교육방식의 답습'은 '워크플로'라는 파라미터로 전환하였다.

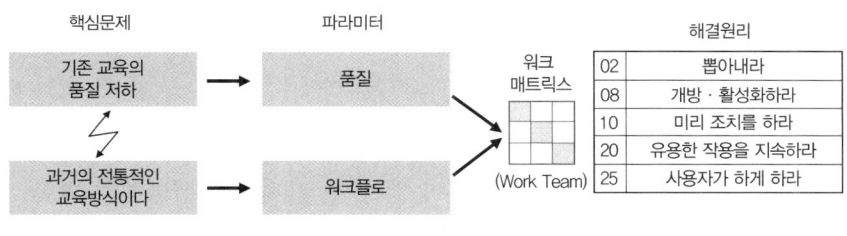

'품질'과 '워크플로'를 위키 매트릭스에 대입하니 각각에 해당되는 셀(Cell)에 다음의 다섯 가지 해결원리가 드러났다.

02 뽑아내라

08 개방 · 활성화하라

10 미리 조치를 하라

20 유용한 작용을 지속하라

25 사용자가 하게 하라

다섯 가지 해결원리를 참고하여 'MBA 컨설팅'이라는 새 방향을 실현하기 위한 새로운 아이디어를 떠올려보았다.

	해결원리	새로운 아이디어
02	뽑아내라	· 시장 반응이 있는 것을 추출(위키/스토리)
08	개방 · 활성화 하라	· 온라인을 통한 콘텐츠 사전 공개
10	미리 조치하라	· 책을 통한 사전 홍보
20	유용한 작용을 지속하라	· 체험식 교육과 컨설팅을 결합
25	사용자가 하게 하라	· 액션 러닝으로 참여 학습

우선 '뽑아내라'는 원리를 통해서는 '그동안 이것저것 진행해 오던 교육 프로그램 중 시장에서 반응이 있는 두 가지만을 선별해 차별화 된 프로그램을 만들자'는 생각을 하게 되었다. 그리고, '개방 · 활성화 하라'는 원리를 바탕으로 '인터넷 온라인을 통해 우리 프로그램과 콘텐츠를 사전에 공개하자'는 구체적인 방안을 마련하게 되었다.

또, '미리 조치하라'는 원리에 따라 '콘텐츠의 내용을 책으로 출간하여 사전에 학습할 수 있도록 하자'고 생각하게 되었고, '유용한 작용을 지속하라'는 원리를 보면서 'MBA 수준의 교육과 컨설팅을 결합해서 서비스한다'는 결심을 하게 되었다.

그리고 마지막으로, '사용자가 하게 하라'는 원리를 통해 '액션 러닝(Action Learning) 형태로 학습자가 참여할 수 있도록 하고, 교육 콘텐츠로 UCC를 제작하자' 는 아이디어를 떠올릴 수 있었다.

이상의 아이디어들은 기존에 생각했던 것과는 분명히 다른 것들이
었다. 나는 이 새로운 아이디어들의 실행방안을 하나씩 다시 생각했다.

먼저 위키 씽킹의 교육체계를 아래와 같이 다시 잡았다.

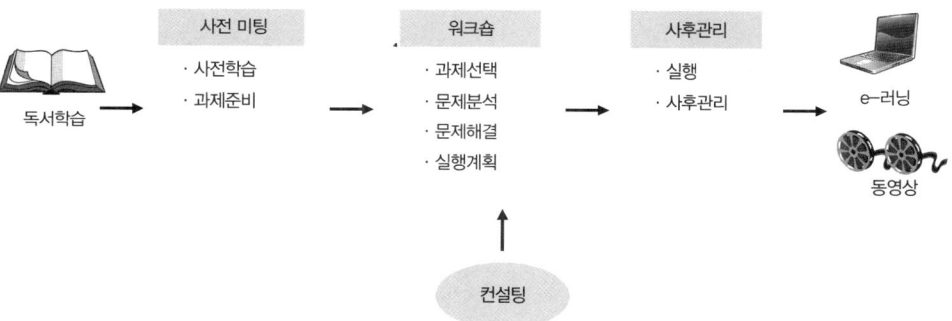

또, 교육 콘텐츠를 동영상으로 제작하기 위해 HD캠코더를 사서 연
습을 하였다. 그리고 위키 씽킹(www.Wikithinking.kr)의 홈페이지를
제작하여 위키 씽킹의 콘텐츠와 동영상을 올려 놓았다.

www.wikithinking.kr

● 위키 6시그마

위키 문제해결법은 워크아웃(Work out)과 같이 문제해결법으로 독립적으로 이용될 수도 있지만, 기존의 다른 경영 기법과 결합하여 이용될 수도 있다.

여러 혁신 기법 중에서도 '6시그마(Sigma)'는 기존의 다른 기법들과 가장 잘 결합되는 특징을 보인다. 6시그마는 업무 개선에 좋은 'DMAIC(Define, Measure, Analysis, Improve, Control)'라는 프로세스를 가지고 있고 구체적인 실행 방법들을 담고 있다.

그러나 'I(Improve)' 단계에서 참신하고 새로운 아이디어가 잘 나오지 않는다는 점에서는 아쉬움을 감출 수가 없다. 이러한 단점을 보완하기 위해 삼성에서는 I 단계에서 창의력 기법인 '트리즈(TRIZ)'를 활용하기도 한다.

그러나 기술 분야에서 주로 이용되는 트리즈는 배우기가 쉽지 않고 비즈니스 전반에 응용하기가 힘들다는 문제가 발생한다.

우리는 삼성SDS와 함께 6시그마의 I 단계에서 위키 문제해결법을 도입하여 창의적인 아이디어를 도출하도록 하는 일을 시도했다. 위키 문제해결법은 트리즈에 기반을 두고 있으면서도 실무적으로 보다 쉽게 접근할 수 있고 비즈니스 전반에서 응용가능하도록 설계되었기 때문이다.

우리는 'DMAIC'의 5단계 중 'I'를 '개선(Improve)'에서 '혁신(Innovate)'이라는 단어로 바꾸어 의미를 수정하고 이 단계에서 위키 문제해결법을 도입하였다. 또, 숫자로 측정한다는 뜻을 담은 '측정(Measure)'의 'M' 단계를 퍼포먼스 측정요소로 바꾼다는 의미의 'Measure Up'으로 바꾸었다.

6시그마의 DMAIC의 본질을 살리면서 쉽게 응용할 수 있도록 새롭게 수정한 '위키 DMAIC' 모델을 보면 다음과 같다.

삼성의 컨설팅 회사인 오픈타이드(Open Tide)에서는 위키 6시그마를 모델로 하여 컨설팅을 하고 있다.

6시그마 DMAIC			위키 DMAIC	
기존 업무에서 과제	Define	D	Define	내부 · 외부의 신규 발생 과제
계수적으로 측정	Measure	M	Measure Up	퍼포먼스 측정요소
문제분석	Analysis	A	Analysis	문제 · 원인 분석
개선방안	Improve	I	Innovate	창의적 아이디어
통제 · 평가	Control	C	Control	스피드 업 실행계획

● 위키 지식경영 시스템

인터넷을 기반으로 한 IT 시스템에서라면 진정한 참여를 이룰 수 있다.

새로운 변화를 시도하며 만들어진 제도나 시스템을 IT 시스템으로 구축하면 원상회귀를 막을 수 있다. 과거에 손으로 하던 재고관리와 생산관리를 전사적 자원관리(ERP) 시스템으로 IT화 함으로써 원상회귀를 차단시키는 것이다.

위키(Wiki) 개념의 기본은 위키피디아(Wikipedia)에서 출발한 것으로, 인터넷을 통해 보다 많은 사람이 참여하고 서로의 지식을 공유함으로써 집단지성을 이루어갈 수 있다.

위키 문제해결법은 한 사람보다는 여럿이 모여 집단 지식을 공유하고 그 과정을 경험하며 새로운 창의성를 발휘하도록 한다.

물론 서로 얼굴을 맞대고 심도있게 의견을 나누는 전통적인 아날로 그 방식도 필요하다. 하지만, 이 방식은 사람, 시간, 장소 등의 제약이 따른다는 단점이 있다. 갖가지 제약에서 벗어나 누구든 언제 어디서 나 참여하며 아이디어를 공유하고 새로운 아이디어를 내기 위해서는 디지털의 도움이 필요하다.

위키 문제해결법의 디지털화를 고민하고 있던 차에 뜻밖의 기회가 찾아왔다.

"새로운 지식경영(KM; Knowledge Management) 시스템을 개발하려 하는데 위키 문제해결법을 기반으로 하고 싶다"며 인천국제공항의 지식기반팀에서 연락을 해온 것이었다.

사실 그동안 선견지명이 있던 여러 기업에서 이미 지식경영 (Knowledge Management) 시스템에 많은 투자를 하고 지식 데이터 베이스를 만들어 놓았다.

하지만 좋은 시스템과 많은 정보가 있음에도 불구하고 직원들이 별로 이용하지 않는다는 문제점을 안고 있다. 직원들이 활발하게 이용하지 않고 자주 업데이트 되지 않으면 지식이나 정보의 가치는 당연히 떨어질 수밖에 없다.

우리는 곧바로 인천국제공항을 찾아가 지식경영(KM) 시스템 개발에 위키 문제해결법을 적용할 수 있는 방법에 대해 토의했다.

인천국제공항의 지식기반팀은 참여와 공유의 위키 개념을 도입한 '위키 KM(Knowledge Management)'을 개발했다.

위키 KM은 기존의 KM과는 달리 시스템의 구조가 위키 문제해결의 5단계에 맞추어 지식을 정리하고 공유할 수 있도록 설계되었다. 현업에서 문제가 발생했을 때, 어느 단계에서 어떤 문제인지를 PC에 입력하면 해당 문제의 해결사례들이 제시되도록 되어 있는 것이다.

또, 반대로 직원들이 자신이 해결한 문제를 단계별로 입력하면 다른 직원들과 공유할 수 있어서 살아있는 지식경영 시스템이 운영될 수 있다.

지식 데이터베이스 구축도 위키 문제해결법의 40가지 해결원리별로 정리하였고, 필요할 때는 외부의 지식시스템과 연결하여 아이디어를 얻을 수 있다.

● 인천국제공항의 위키 지식경영(KM) 시스템의 화면 구조

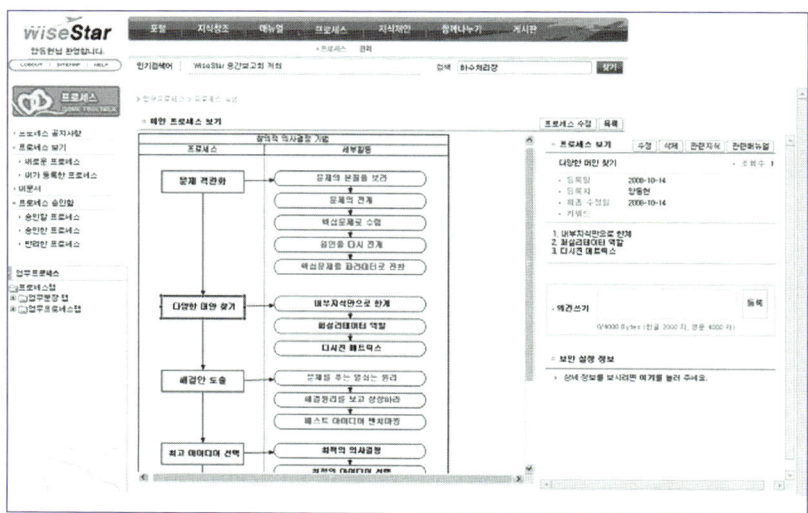

Steve Jobs

스티브 잡스의 어깨 위에서 생각하라

얼마 전에 삼성의 6시그마 혁신을 추구하고 있던 한 리더를 만났다.

6시그마 마스터 자격증을 가지고 있던 그는 몇 년 동안 열성적으로 6시그마를 현업에 전파하였다.

그런데 그가 추진하고 있는 방법은 15년 전에 GE에서 실시했던 6시그마 모델을 기본으로 하고 있으며, 경영환경이 바뀌고 업종이 다르고 조직의 역량에 차이가 있음에도 불구하고 여전히 비슷한 방법으로 시행되고 있다.

이 상황을 두고 그는 이렇게 말한다.

"혁신을 추진하는 사람이 스스로를 혁신하지 않는 것 같다."

그렇다. 그의 말처럼 혁신이라는 이름으로 개선을 추진하고 있으면서도 구체적인 방법론은 옛날 방식을 그대로 되풀이하고 있는 것이다.

기업의 리더들은 직원들에게 "시대가 바뀌고 경영환경이 달라졌으니 당신들도 바뀌어야 한다"고 말한다.

하지만 정작 그렇게 지시하는 리더 자신은 아무런 변화 없이 과거의 성공 공식과 경험적인 행동을 되풀이하는 경우가 많은 것을 보면 답답한 마음을 감출 수가 없다.

혁신하는 방법부터 바꾸고, 리더가 먼저 달라져야 한다.

"만일 스티브 잡스가 당신 회사의 CEO로 취임한다면 어떻게 하겠는가?"

"스티브 잡스가 만약 당신 팀의 리더가 되면 어떻게 하겠는가?"

무엇을 변화시켜야 하는지 알 수 있을 것이다.

이 책을 통해 스티브 잡스의 창의적인 문제해결법을 하나의 방법론으로 정리하였다.

그의 창의성에 대해 그저 감탄하고 있을 수만은 없다. 그가 어려운 문제에 부딪혔을 때 어떻게 해결하고, 남들이 생각하지 못한 창의적인 아이디어를 어떻게 창출해냈는가를 분석함으로써 창의적인 문제해결법을 밝혀야 한다.

스티브 잡스의 문제해결법에서는 몇 가지 공통점을 찾을 수 있다. 이를 표준화하여 방법론을 만들고, 그것을 바탕으로 꾸준히 연구하고 노력하면 우리도 그와 비슷한 창의성을 발휘할 수 있을 것이다.

위키 씽킹(Wiki Thinking)은 스티브 잡스를 비롯하여 이 시대 성공한 사람들의 문제해결법을 정리한 것이다. 이 방법을 사용하면 당신도 스티브 잡스처럼 창의적으로 문제를 해결할 수 있을 것이다.

그동안 우리 기업들은 여러 가지 혁신을 추진해 왔지만 아직 만족할 만한 수준이 아니다. 더 큰 혁신이 필요하다. 리더들 또한 많이 변화해 왔지만 여전히 더 많은 변화가 요구된다.

"스티브 잡스의 어깨 위에서 생각하라. 그러면 탁월하고 멋진 아이디어를 생각해낼 수 있을 것이다."

1. 위키 매트릭스와 40가지 해결원리

● 위키 매트릭스(Wiki Decision Matrix)

Work Team

개선요소 \ 문제요소	품 질	시 간	워크 플로우	비 용
품 질		품질 ↑ 시간 ↑ 01, 05, 10, 15, 24	품질 ↑ Wf ↑ 02, 10, 20, 26, 34	품질 ↑ 비용 ↑ 01, 24, 25, 31, 32
시 간	시간 ↓ 품질 ↓ 02, 03, 20, 30, 32		시간 ↓ Wf ↑ 03, 05, 15, 19, 25	시간 ↓ 비용 ↓ 05, 20, 25, 27, 34
워크 플로우	Wf ↓ 품질 ↓ 03, 12, 20, 31, 39	Wf ↓ 시간 ↑ 02, 05, 10, 24, 39		Wf ↓ 비용 ↓ 10, 24, 25, 27, 34
비 용	비용 ↓ 품질 ↓ 01, 06, 08, 25, 35	비용 ↓ 시간 ↑ 05, 10, 24, 27, 31	비용 ↓ Wf ↑ 13, 15, 24, 25, 31	

Process

개선요소 \ 문제요소	고객만족	유연성	생산성
고객만족		cs ↑ 유연성 ↓ 04, 08, 15, 23, 26	cs ↑ 생산성 ↓ 03, 12, 23, 25, 32
유연성	유연성 ↑ cs ↓ 06, 15, 25, 31, 39		유연성 ↑ 생산성 ↓ 06, 12, 26, 29, 39
생산성	생산성 ↑ cs ↓ 03, 08, 15, 20, 40	생산성 ↑ 유연성 ↓ 08, 14, 15, 29, 40	

Strategy

개선요소 \ 문제요소	마 켓	재 무
마 켓		마켓 ↑ 재무 ↓ 04, 05, 20, 37, 38, 40
재 무	재무 ↑ 마켓 ↓ 01, 04, 20, 24, 27, 30	

● 40가지 해결원리

1. 나누어라	21. 유해하다면 빨리 진행하라
2. 뽑아내라	22. 유해한 것을 좋은 것으로 바꿔라
3. 국부적으로 최적화 하라	23. 피드백을 도입하라
4. 차별화 하라	24. 중간매개체를 이용하라
5. 한 번에 동시에 하라	25. 사용자가 하게 하라
6. 하나에 여러 기능을 연계하라	26. 벤치마킹을 하라
7. 짝짓기를 하라	27. 값싼 고안을 하라
8. 개방/활성화 하라	28. 비유적으로 예시하라
9. 미리 반대방향으로 조치하라	29. 유동성을 부여하라
10. 미리 조치하라	30. 보조수단을 강구하라
11. 사전에 예방 조치하라	31. 단순화 · 가볍게 하라
12. 효과적인 자원을 도출하라	32. 기술을 통하여 다르게 보라
13. 거꾸로 하라	33. 본질을 고수하라
14. 곧은 개념을 구부려라	34. 버리거나 다시 써라
15. 부분적으로 자유도를 부여하라	35. 속성을 변화시켜라
16. 극단적으로 생각하라	36. 전체의 본질을 바꾸어라
17. 다른 각도에서 보라	37. 요인을 팽창/수축시켜라
18. 고정변수를 변화시켜라	38. 자극하라
19. 연속적이 아니라 주기적으로 하라	39. 안정시켜라
20. 유용한 작용을 쉬지 않고 지속하라	40. 융합하라(Convergence)

● 위키 씽킹 Web Site (www.wikithinking.kr)

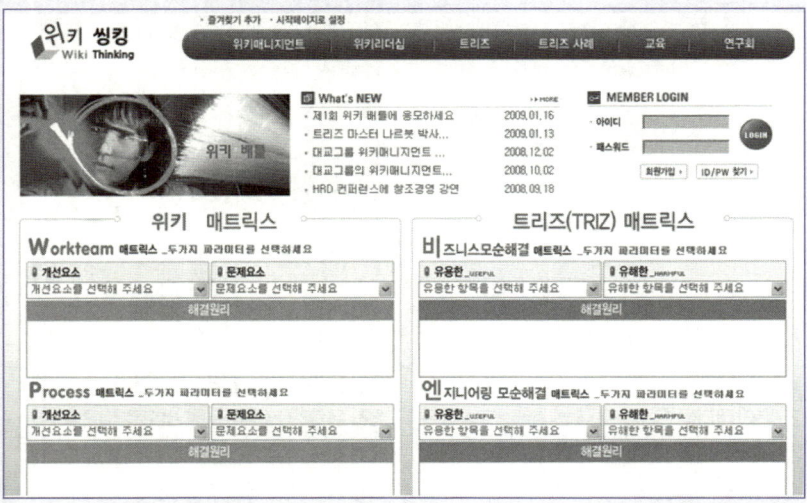

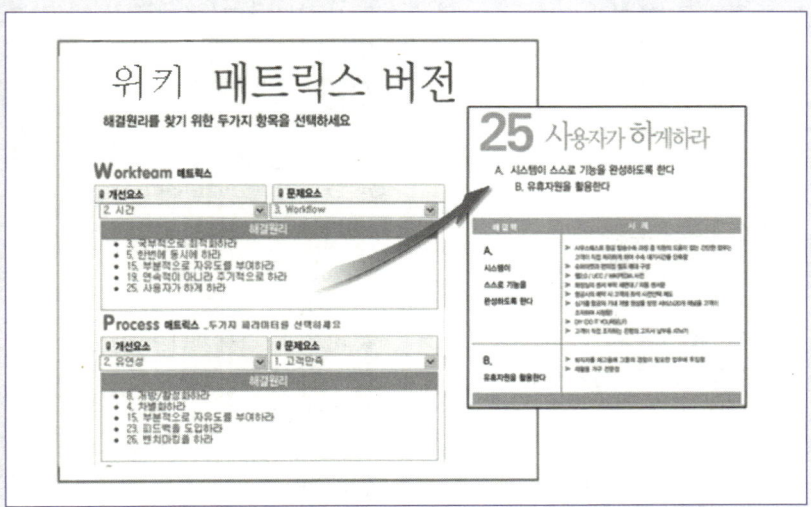

214

2. 스티브 잡스처럼 프레젠테이션 하라

스티브 잡스는 관중을 휘어잡는 프레젠테이션을 하기로 유명하다.

2007년 9월 5일, 샌프란시스코에서 아이팟 터치를 발표할 때 그의 발표문은 다음과 같다.

기억하십니까? 지난 1월에 처음 아이팟을 소개하면서 저희는 '이것이 바로 사상 최고의 아이팟'이라고 말했습니다.

뛰어난 멀티 터치 유저 인터페이스에 정돈된 앨범 구성, 깨끗한 동영상 구현기능까지, 아이폰 구매자들도 이에 전적으로 동의했죠. 그리고 이때부터 고객 여러분들은 이런 기능을 구현할 수 있는 진짜 아이팟은 언제 나오느냐고 물어보곤 했습니다.

자, 오늘 이 자리는 그 답을 드리기 위해 마련되었습니다. 바로 이 제품이 오늘의 주인공이며, 이름은 '아이팟 터치'입니다.

바로 여기 제가 들고 있는 것인데요. 아이폰과 화면 크기는 비슷하지만 두께는 더 얇습니다. 실제 두께는 8mm, 멀티 유저 인터페이스는 물론이고, 와이드 스크린을 통해 선명한 사진과 동영상을 제공합니다. 저장된 노래 목록도 편리하게 찾아볼 수 있도록 구성되어 있고, 더불어 좋아하는 노래이지만 한동안 듣지 않았던 노래를 찾아보는 기능까지 갖추고 있습니다. 훌륭하죠. 뿐만 아니라 사파리 브라우저를 통해 와이파이 인터넷을 사용할 수 있어 유투브, 구글, 야후 등을 모두 활용할 수 있습니다.

와이파이 기술을 통해 할 수 있는 일은 무궁무진합니다. 이 모든 기능이 8mm 두께의 기기 안에 모두 포함되었다는 사실이 놀라울 뿐입니다. 건전지 수명도 환상적입니다. 22시간 연속 음악 재생, 5시간 연속 동영상 재생이 가능합니다.

아이팟 터치는 두 가지 버전으로 출시될 예정입니다.

한 가지 옵션은 8GB, 또 다른 옵션은 16GB의 용량을 보유하게 됩니다. 8mm 두께의 기기에서 이 정도 용량이 보장된다는 사실에 놀라셨을 것입니다. 8GB 버전은 현재 299달러로 가격이 정해져 있고, 16GB 버전은 현재 399달러로 책정되어 있습니다.

아직 본격적인 연휴 쇼핑 시즌까지 여유가 있지만 두 모델 모두 이번 달 안으로 동시에 출시될 예정입니다. 화면의 아이팟 라인업을 보십시오. 이들의 가격 범위는 매우 다양합니다.

우선 79달러로 책정된 셔플부터 시작해서 149달러, 199달러가 책정된 신제품 나노, 249달러, 399달러가 책정된 아이팟 클래식, 299달러, 399달러로 책정된 아이팟 터치, 그리고 499달러, 599달러의 가격으로 판매되고 있는 아이폰까지 놀라울 정도로 다양하죠. 하지만 본격적인 연휴 시즌에 돌입하기 전에 우리는 더욱 공격적인 가격정책을 내놓으려 합니다.

아이폰을 보겠습니다. 아이폰에 대한 고객만족도는 기대 이상으로 높습니다.

지금까지 출시된 그 어떤 애플 제품들보다 더 높은 만족도를 기록하고 있죠. 그들은 아이폰을 무척 사랑합니다. 그래서 더 많은 소비자들이 연휴 쇼핑 시즌을 통해 아이폰을 구매할 수 있도록 배려할 예정입니다.

오늘부터 그 배려를 실천에 옮기려고 합니다. 현재 아이폰은 100만 대 판매를 눈앞에 두고 있으며, 이번 달 말 즈음 기록이 달성될 예정으로 보입니다. 또 연휴 쇼핑 시즌이 다가오는 시점도 이와 맞물려 있습니다. 이에 맞춰 저희는 다음과 같은 조치를 생각 중에 있습니다.

아이폰을 구매하는 대부분의 소비자들은 8GB 모델을 선호하는 것으로 나타났습니다. 소비자들이 8GB 아이폰을 더욱 좋아한다는 이야기겠지요. 그래서 저희도 8GB 모델에 더욱 집중하기로 하였습니다.

8GB짜리 모델은 더 이상 599달러의 가격으로 판매되지 않을 것입니다. 오늘 이 순간부터 8GB 아이폰은 399달러의 가격으로 판매될 것입니다. 우리는 아이폰이 더 많은 사람들의 선물 바구니에 들어가기를 바랍니다.

사실 전 아이팟 터치 옆면을 설명할 때 일부러 말하지 않은 부분이 있습니다. 자, 이제 그 부분을 공개할 때가 되었군요. 화면을 보시면 아이팟 터치 좌측 상단에 무엇인가 있는 것을 발견할 수 있습니다. 이것은 안테나입니다. 아이팟 터치에 와이-파이(Wi-Fi) 기술을 넣은 것이죠. 사파리 브라우저를 아이팟 터치에 내장한 것은 무척 획기적인 일입니다. 와이-파이 네트워크를 사용할 수 있게 되었다는 의미이기 때문입니다. 뮤직 플레이어 사상 최초로 인터넷을 할 수 있게 된 것이죠.

그러나 우리는 여기서 멈출 수 없었습니다. 더 큰 재미를 추구하고 싶어했죠. 그래서 선택한 것이, 수백만 개의 무료 동영상을 시청할 수 있는 유튜브(YouTube)입니다. 아이팟 터치를 통해 유튜브를 시청할 수 있게 된 것이죠.

몇 분만 더 참고 들어주시면 감사하겠습니다. 이야기 할 것이 한 가지 더 남아 있거든요. 화면을 보시면 아이팟 터치 메뉴에 빈 공간이 하나 남겨져 있는 것을 보실 수 있습니다.

왜 여기는 빈 공간으로 남겨져 있을까요? 물론 아이팟 터치를 위해 새로 개발한 애플리케이션이 들어갈 자리입니다. '아이튠스(iTunes)'와 '와이파이 뮤직스토어'라는 이름을 가진 애플리케이션이죠.

아, 제대로 된 환호소리가 이제 들리기 시작하는군요. 아이튠스와 와이파이 뮤직스토어는 현재 아이튠스가 서비스 중인 22개 국에서 모두 서비스될 예정입니다.

또 한 가지 덧붙이자면 아이폰에도 뮤직스토어 기능이 추가될 계획입니다. 이번 달 말 정도면 무료 소프트웨어 업데이트 형식으로 뮤직스토어가 아이폰에 설치될 수 있을 것입니다.

아이폰을 가진 모든 소비자 여러분들도 뮤직스토어의 혜택을 누릴 수 있을 것입니다. 구매한 음악을 직접 아이폰으로 전송, 들을 수 있게 된 것입니다. 아이폰 유저들은 다음 번 컴퓨터에 아이폰을 연결할 일이 있을 때 꼭 업데이트를 받으시기 바랍니다.

저는 오늘 이 자리에서 스타벅스와 제휴가 성사되었음을 알릴 수 있게 되어 기쁩니다. 스타벅스, 우리 모두 스타벅스를 좋아합니다. 우리 문화의 새로운 아이콘으로 떠오르는 메이커 중의 하나이며, 여기 있는 여러분들 중 대부분은 스타벅스의 충실한 고객들입니다.

저희는 아이팟, 그리고 아이팟이 가진 음악에 대한 사랑, 그리고 스타벅스 커피, 음악에 대한 관심과 사랑을 한데 묶어 보고 싶었습니다.

저희는 이를 아이튠스 와이파이 스토어가 가진 와이-파이 기술을 이용해 현실화 시키려고 시도했습니다. 아이팟 터치를 스타벅스에 가지고 들어가면 자동으로 스타벅스 로고 형태가 그려진 다섯 번째 아이콘이 나타납니다. 이를 클릭하면 위와 같은 화면을 볼 수 있습니다.

여러분 중 상당수는 스타벅스에서 틀어주는 음악을 들으며 "저 노래 마음에 드는데? 저 노래 제목은

뭐지?"라는 생각을 한 번쯤 해보셨을 것입니다. 이제는 아이팟 터치를 통해 그 노래의 제목을 알 수 있을 뿐만 아니라 손가락 터치 한 번으로 다운까지 받을 수 있게 되었습니다. 물론 와이파이를 통해서 말입니다.

3. 우리는 왜 변화하지 않는가?

● 변화를 망친 8가지 실수

유가 급등으로 경제에 줄곧 먹구름이 끼어있던 2008년 초여름, 나는 수도권 한 도시의 상공회의소에서 개최한 CEO 경영혁신 교육에서 강의를 하게 되었다.

시간을 잘못 알고 한 시간 반 정도 일찍 도착한 덕에 수강생들이 몇 명이나 올지를 걱정하고 있던 상공회의소 사무국장과 이런저런 대화를 하게 되었고, 이야기는 CEO들의 공부습관에 대해 의견을 나누는 데까지 이어졌다.

상공회의소에서 CEO를 대상으로 주관하는 모임 중 가장 참석률이 낮은 것은 학습 모임이며, 거의 모든 사람이 참석하는 것은 골프 모임이라고 한다.

물론 학습에 열심이고 나날이 성장을 거듭하는 CEO도 있을 것이다. 하지만 대다수의 CEO들이 "바쁘다", "다 아는 내용이다"라며 학습 모임의 참석을 꺼린다고 하니 안타까운 마음이 들었다.

이날 나는 사무국장과 함께 우리나라 CEO들의 유형을 몇 가지로 정리해 보았다.

• 택시기사형 : 이 사람 저 사람에게서 갖가지 정보를 얻어 아는 것
  은 많지만 정작 깊이는 깊지 않다.
• 골프선수형 : 골프실력은 프로수준인데 반해 경영능력은 아마추
  어이다.
• 동창회장형 : 아는 사람은 많으나 조직에는 별로 도움이 되지 않
  는다.
• 검찰총장형 : 항상 직원에게 엄격하고 다른 사람의 잘못을 찾아내
  기에 급급하다.
• 초보교사형 : 늘 새로운 지식을 학습하고 연구하여 제대로 된 수
  업을 진행하고자 열심히 노력한다.

이상의 유형 외에도 몇 가지가 더 있겠지만, 이중 어느 유형이 변화
의 시기에 적합한 리더 스타일인가를 생각해 보면 답은 확실하다. 당
연히 학습에 열심인 초보교사형이다.

나는 20년 동안 기업체에 경영컨설팅과 교육을 하고 있다. 그동안
수많은 기업에 강의를 하면서 느낀 것은, 업종이나 규모에 상관없이
성장하는 기업에 가보면 하나같이 직원들의 학습욕구가 강하다는 사
실이다.

반대로 쇠퇴하는 기업은 직원교육에 소홀할 뿐만 아니라 직원들의 학습욕구도 현저히 떨어진다는 것이다. 성장하는 기업은 교육을 할 때 CEO나 임원들이 적극적으로 함께 참여하는 반면, 쇠퇴하는 기업은 직원들만이 형식적으로 교육에 참여한다.

변화의 시기에는 누구보다도 리더가 공부를 많이 해야 한다. 리더가 실무자였던 10년 전, 20년 전의 성공공식이 지금은 통하지 않는다. 과거의 패러다임과 지식으로는 지금의 변화를 이겨낼 수 없으며 밝은 미래를 그릴 수 없다. 학습하지 않고 과거의 성공공식만을 연장하려는 리더가 있는 기업은 갈수록 어려워질 뿐이다.

최근 몇 년 사이에 '변화와 혁신' 만큼 많이 사용된 단어도 드물 것이다.

기업을 대상으로 혁신 워크숍을 하다 보면 기업의 규모와 상관없이 하나의 공통점을 발견하게 되는데, 그것은 혁신안의 핵심이 오로지 내부 합리화에 맞추어져 있다는 점이다. 심한 경우에는 자사나 자기 부서의 이기주의를 방어하기 위한 의견이 혁신이라는 이름으로 포장되기도 한다.

국내 기업들이 지난 10년 동안 변화와 혁신에 투자한 노력과 비용은 계산하기 힘들 정도로 엄청나다. 그러나 지금 우리 기업들은 세계적인 경제 위기로 인해 존폐의 위기 앞에 서있다. 전 세계적인 금융위기, 고유가 등으로 경제 여건이 급격히 나빠진 것이 주된 원인이겠지만, 그동안 경영혁신을 제대로 해왔다면 이런 어려운 때에 비장의 카드처럼 경쟁력을 발휘했을 것이다.

물론 위기를 기회로 삼아 새로운 도약을 시도하고 있는 기업들도 더러 있지만 대부분의 기업들이 어려운 것은 분명한 사실이다. 또한, 위기에 대처하는 힘이 떨어진 것은 변화와 혁신이 제대로 이루어지지 않았다는 뚜렷한 반증이기도 하다.

우리 기업들이 변화와 혁신을 이루지 못한 8가지 이유를 살펴보면 다음과 같다.

① 자만심을 키웠다

한때 벤처기업의 성공모델이라고 불리던 소프트웨어 회사가 있다. 강남에 대형빌딩을 가지고 있는 이 회사는 정부와 대기업이 IT투자를 장려하면서 고속성장을 했지만, 정부의 긴축예산 운영과 기업들의 IT투자 감소로 매출이 현저히 줄어들고 있다.

그런데 이 회사는 그동안 사무용 소프트웨어 시장에만 주력했을 뿐 개인용 소프트웨어는 개발하지 않았다. 개발팀 관리자들에게 왜 개인용 소프트웨어를 개발하지 않았는지 묻자 대답은 매우 간단했다.

"경영자가 싫어해요."

해외시장은 개척하고 있느냐는 질문에 그런 일을 할 사람이 없다고 답하는 그들에게 나는 또 물었다.

"그럼 만약 외부 여건의 변화로 지금의 비즈니스 방식에 문제가 생긴다면 대안은 무엇인가요?"

그동안의 성공에만 매달려 있던 그들은 아무 대답도 하지 못했다. 자만이 내일을 위한 준비를 느리게 하며 미래를 어둡게 한다는 것을 그들은 모르고 있었다.

② 내부의 개선에만 매달렸다

IMF 외환위기를 거치면서 대기업들은 재무 건전성의 중요성을 깨닫고 자금관리, 경영지표관리를 강화하였다. BSC를 도입하여 경영지표관리에 만전을 기하고 업무 프로세스를 관리하기 위해 6시그마를 적극 도입하였다. 6시그마를 적용하여 업무를 추진하면서 내부 업무 개선에는 상당한 효과가 있었다.

하지만 경영혁신팀에서 6시그마 추진을 총괄하다 보니 6시그마가 경영혁신의 전부인 것 같은 착각을 하게 되었다.

그러나 분명히 말하건대 6시그마는 기업 내부 업무의 개선을 위한 것이지 혁신의 바탕은 아니다. 환경이 급변하고 시장에서 계속 큰 변화가 일어나고 있는 상황에서 기존 제품의 품질개선만 하고, "우리는 혁신을 하고 있다"라고 생각한다면 어찌 되겠는가?

내부의 개선과 더불어 외부를 향한 혁신이 반드시 필요하다.

③ 국내용 혁신에 그쳤다

우리나라의 내수시장은 소기업이 중견기업으로 성장하는 데에는 좋은 발판이 되지만 대기업으로 성장하기에는 부족하다. 그런 이유에서 국내 대기업들은 대부분 해외시장으로 눈을 돌리고 있으며 수출 비중이 50~80% 정도나 된다.

그러나 이처럼 수출 비중이 높음에도 불구하고 대부분의 경영자나 관리자들은 거의 100% 내국인이다. 그러다 보니 혁신의 방법도 내국적 사고를 벗어나지 못하는 것이 사실이다. 국내용 상품을 해외에 나가서 파는 일에만 열중했지, 해외에서 필요한 상품을 기획하고 개발하는 일에는 아는 바가 없다.

진정한 글로벌 기업으로 거듭나기 위해서는 먼저 '한국 때'를 벗어야 한다.

④ 경영자와 실무자가 따로 놀았다

얼마 전 한 대기업의 중간관리자와 함께 위기 대처 방안에 대해 토의했다. 이 기업은 기존의 사업 이외에 신규사업이 별로 없어서 현재의 사업과 거래에 문제가 생기면 대안이 없다고 한다.

왜 신규사업이나 신시장 개척을 하지 않았는지 묻자, 그들의 대답은 간단했다. 여러 번 신규사업 계획서를 올렸지만 경영진으로부터 돌아온 답은 "더 검토해보라"는 것뿐이었다는 것이다.

몇 달 동안 여러 가지 자료를 조사해서 사업계획서를 작성했지만, 보고를 할 때마다 경영진에서는 이런저런 문제점을 지적하면서 다시 검토하라는 이야기를 반복했다.

이런 일이 두세 번 반복되다 보면 훌쩍 6개월이나 1년이 지나 결국은 사업성이 떨어지게 되었고, 경영자는 "그것 봐라. 내가 문제가 있다고 했지"라고 하는 식이었다.

결국 이 회사는 신규사업이 하나도 없게 되었고 전문경영자는 퇴임했다. 그리고, 이제 이 회사는 오로지 그룹 관계사에서 오더를 주면 그것만을 따르는 회사로 전락하고 말았다. 실무자와 경영진의 소통이 제대로 이루어지지 않아 현재와 미래를 연결하는 다리가 끊어진 것이다.

⑤ 생각하지 않는 관리자를 방치했다

기업에 교육을 하러 가보면 교육생들을 모으기가 쉽지 않다. 대부분 "바빠 죽겠는데 무슨 교육이냐"며 교육에 참가하지 않거나 참가하더라도 계속 들락거린다.

답답한 심정에서 몇 사람을 붙잡고 "무슨 일로 이렇게 바쁘냐"고 묻자, 다음과 같은 답들이 나왔다.

"관리자가 계속 일을 시키는데 한참 하다 보면 다시 하라고 한다. 그리고 또 한참 하다 보면 그 일은 취소되었다고 한다."

"사실은 내가 하는 일 중에 안 해도 될 일이 상당히 있지만 윗사람 눈치를 보면서 열심히 하는 척한다."

"어떤 일은 의사결정 단계가 너무 복잡해서 매 단계마다 새로운 요구가 나오고 계속 수정·보완하는 일을 해야 한다. 이렇게 의사결정이 늦어지다 보니 막판에는 무척 바빠질 수밖에 없다."

이러한 문제점은 현업 관리자들이 충분히 개선할 수 있는 것이다. 하지만 바뀌지 않고 늘 같은 일이 반복되는 것은 관리자들이 생각을 하지 않기 때문이다.

⑥ 형식적인 투자에만 치중했다

요즘 사무실은 좋은 시설로 깔끔하게 정리되어 있다. 부서마다 낮은 칸막이가 설치되어 있고 책상마다 PC가 놓여 있다. PC는 물론 인트라넷으로 연결되어 있고 ERP 소프트웨어가 돌아간다. 시설이나 IT 투자만 보면 세계 초우량 기업의 사무실에 와 있는 것 같다.

그러나 내부를 자세히 들여다보면 칸막이보다 더 높은 부서 간의 심리적 벽이 있음을 알 수 있다. 직원 간, 부서 간에 정서적인 소통 없이 PC앞에 앉은 사원들은 ERP 소프트웨어를 이용하기보다는 개인적인 일을 하는 데에 시간을 더 많이 쓴다. 또, 설사 ERP 소프트웨어는 이용한다고 하더라도 형식적으로 데이터를 집어넣고 있을 뿐 그 정보를 이용하여 자신의 업무를 개선하지는 않는다.

기업이 사무합리화와 경영혁신이라는 명분으로 사무실과 IT 시스템에 많은 투자를 하였지만, 실제 업무는 과거와 별로 달라지지 않았고 오히려 일을 두 번 하는 일까지 발생한다.

⑦ 직원 참여를 이끌어내지 못했다

경영자를 만나보면 외국 컨설팅회사에서 자문을 받은 경영혁신안에 심취되어 있다. 그리고 자신이 이 혁신안을 강력히 추진하고 있기에 실제로 많은 변화가 일어나고 있다고 생각한다.

그러나 막상 현장 사람들을 만나보면 전혀 다른 이야기를 한다. 경영혁신이라는 이름의 경영진의 원맨쇼가 진행되고 있을 뿐이지 실제로는 아무런 변화가 없다는 것이다.

오히려 혁신 스트레스만 쌓이고 경영진에 불만을 가진 그레이 킬러 (Gray Killer)가 늘어나고 있는 실정이다. 그레이 킬러는 회색형 인간으로, 겉보기에는 드러나지 않지만 경영자나 관리자에게 불만을 가지고 있으며 매사에 부정적인 요인을 찾아서 뒤에서 비난하는 사람을 뜻한다.

⑧ 획일화된 방법으로 밀어붙이다

급격한 산업혁명을 겪으며 우리나라는 1960년대 새마을 운동을 비롯해 어느 한 계획이 정해지면 군대식으로 모든 사람들이 똑같이 실행하는 삶을 살았다. 국민 수준이 낮았을 때는 이러한 획일화된 방법이 상당한 효과를 보았다.

기업에서도 1980년대에 품질관리(QC)운동을 벌일 때, 1990년대에 구조조정을 할 때, 2000년대에 6시그마를 추진할 때 획일화된 프로그램을 추진했다. 6시그마의 경우 품질관리 기법인데 모든 사무직과 개발 부분에서 똑같이 추진했다.

물론 안 하는 것보다는 낫지만 업무 특성에 맞는 혁신기법의 도입을 가로막는 부작용이 생길 수 있다.

아무리 미국에서 성공한 기법이라고 하더라도 우리나라의 모든 업종의 모든 업무에서 효과가 있을 수는 없다. 그럼에도 불구하고 경영자들은 관리하기 쉽다는 이유로 하나의 프로그램을 모든 부분에 획일적으로 밀어붙인다. 획일화는 자율성과 다양성을 해치고 창의성의 발현을 제지하는 역작용도 있음을 기억해야 한다.

이상 살펴본 8가지 실수의 공통점은 오직 내부의 효율만을 중시하였다는 데 있다.

단순한 정보의 시대에서 마음을 울리는 이야기의 시대로, 이성의 시대에서 감성의 시대로 변화하고 있다.

이 시기에 내부고객과 외부고객 모두에게 아무런 감동을 제공하지 못하는 것은, 새로운 시대를 위한 변화와 혁신의 스프링보드를 마련하지 못한 치명적인 잘못이다.

● 이기적 유전자들

우리는 매일 수많은 정보와 지식을 받아들이고 경험을 하게 된다. 그리고 이러한 정보와 지식은 사람마다 정해진 시스템에 따라 어떤 것은 좋은 느낌으로 어떤 것은 나쁜 느낌으로 분류되고 저장된다. 그리고 이러한 느낌들이 고정관념을 만들고 쉽게 바뀌지 않는다.

무엇인가 새로운 것을 얻고자 한다면 그 전에 반드시 버려야 할 것이 있다. 과거에서 해방될 때만이 변화를 위한 새로운 공간을 개방할수 있기 때문이다.

경영기법도 패션과 같아서 시대에 따라 변화한다. 과거에 아무리 성공한 기법이라고 하더라도 지속적인 성공을 보장할 수 있는 것은 아니며, 단품 대량생산 시절에 유용했던 기법이 소품 다량생산에도 적합할 수는 없다.

고유가, 환율변동, 금융위기, 스태그플레이션으로 요동치고 있는 세계 경제의 흐름 속에서 과거의 성공에만 도취되어 있는 것은 지극히 위험한 일이다.

우리도 모르는 사이에 길들여진 이기적인 유전자들이 있다. 다음의 이기적인 유전자들을 버리지 않고는 새로운 변화를 받아들이기 어렵다.

디지털 해저드

도덕적 해이를 뜻하는 모럴 해저드에 빗댄 디지털 해저드(Digital Hazard)라는 말이 있다. 이는 직장 내에서 PC를 이용하여 개인적인 일이나 오락활동을 하는 현상이다.

겉으로는 열심히 일하는 것처럼 보이지만, 실상은 영화를 다운로드 받거나 게임을 즐기고 인터넷 쇼핑을 하거나 개인적인 채팅을 하는 등 개인적인 일을 하는 것이다.

직장인들이 업무를 처리하는 대신 디지털 기기를 이용해 개인적인 일에만 몰두한다면 회사는 어찌되겠는가?

근시안

근시안이란 시력이 약하여 가까이 있는 것은 제대로 볼 수 있지만 멀리 있는 것은 잘 보지 못하는 눈을 뜻한다. 말 그대로 코 앞에 있는 일에만 집착하는 현상을 의미한다.

당장 오늘 하루 편안하게 보내겠다는 생각과 지금 벌어지고 있는 상황에만 매달릴 뿐, 문제가 왜 발생했는지 어떻게 하면 해결할 수 있는지는 관심이 없다.

세상이 어떻게 흘러가고 있는지, 앞으로 무슨 일이 전개될지 생각하지 못한다. 이런 자세로는 다가오는 커다란 변화를 예상하거나 대비할 수 없다.

타인 공격

자신의 유능함을 과시하기 위해 타인에 대해 지나치게 공격적인 사람들이 있다. 이들은 다른 사람들을 배려하지 않으며 상처를 주는 가시 돋힌 말을 자주 한다. 악의가 있든 없든 상대에게 큰 고통과 상처를 남기게 된다. 더구나 공개적인 자리에서 타인을 비웃거나 공격한다면 그 사람과의 관계는 끊어질 수밖에 없다.

냉소주의

냉소주의에 물든 사람들은 기업문화와 직장 분위기, 경영자의 행동에 대해 늘 부정적인 생각을 갖고 있으며, 리더에 대해 신뢰감이 없고 고객에 대한 마인드도 잊어버리고 있다.

품질이나 서비스를 높이는 일에는 관심이 없으며 그저 빈정거릴 뿐이다. 냉소주의는 사회에 잘 적응하지 못하는 사람들과 접하거나 자존심을 잃어버린 사람들과의 어울림을 통해 전염된다.

정보 독점

정보화시대가 심화되며 정보 독점의 폐해도 심각해지고 있다. 어느 집단이나 특정한 사람이 정보를 독점하게 되면 정보의 흐름이 막혀서 정보의 홍수 속에서도 정보의 빈곤현상이 발생하게 된다.

타인의 정보는 무한정 뽑아가면서 자신의 정보는 절대로 나누어주지 않는 사람은 결국 올바른 정보를 올바른 시기에 공급받지 못하는 처지에 놓이게 된다.

경청하지 않기

다른 사람의 말에 주목하지 않고 무시하는 행동은 상대방의 가슴에 큰 앙금을 남긴다. 젊은 인재들은 자신의 이야기에 관심을 기울이지 않는 상사와 일하려 하지 않는다.

만약 당신이 다른 사람과 이야기 할 때 딴생각을 하거나 상대의 말에 경청하지 않는다면 당장 그 습관을 고쳐야 한다. 당신의 관심사항이 아니라고 가벼이 넘겨버린다면 당신 주위에서는 능력 있는 사람들의 모습을 찾기 어려울 것이다.

핑계

다른 사람에게는 완벽한 것을 요구하면서도 막상 자신이 무슨 잘못을 저지른 경우에는 이런저런 핑계를 대는 사람이 있다. 이러한 사람은 무슨 일이나 어떤 문제에 대해서 비슷한 핑계거리를 찾아내기에 바쁘다. 자신의 실수를 덮을만한 마땅한 변명거리가 없을 때에는 다른 누군가를 책망하며 책임을 떠넘긴다.

스킬 부족

복권 판매점을 하는 사람의 이야기를 들어보면 복권은 부촌보다는 빈촌에서 더 잘 팔린다고 한다. 어느 정도 성공한 사람들은 자신의 실력을 연마하여 승부를 보려고 하지만, 실력이 부족한 사람은 자꾸만 일확천금을 꿈꾸게 된다는 것이다.

자신의 성공을 위해서는 스킬(Skill) 연마를 해야 함에도 불구하고 다른 요인에서 실패의 원인을 찾는다면 개선되기 힘들다.

우물 안 개구리

제한된 공간에서 자기중심적으로 생각하고 행동하다 보면 고정관념을 만들게 된다. 마치 우물 안 개구리처럼 좁은 시야로 세상을 보게 되면 정작 본인이 무엇을 모르고 있는지를 모르게 된다.

회사 내부 사람들끼리 자신의 입장에서 혁신을 이야기하기보다는 고객의 관점에서 바라보는 것이 혁신 포인트를 잡는 데 더 도움이 된다. 또한, 같은 부서 사람들끼리 토의하기보다는 다른 분야의 사람들과 대화하고 문제해결안을 찾아나갈 때 좁은 시야에서 벗어날 수 있다.

자기문제 외면

자신의 강점을 살려서 성공한 사람들은 대부분 자신의 약점을 보완하는 노력도 병행했다.

누구든지 성공할 수 있는 요소와 성공을 가로막는 장애요소를 같이 가지고 있다.

자신의 문제를 스스로 찾아내서 이를 해결하는 노력을 하는 사람과, 자신의 문제를 끝내 외면한 채 다른 사람의 문제만 찾아서 비난하거나 공격하는 사람 중 누가 성공을 거머쥘지는 불을 보듯 뻔하다.

방안 통소

기업 내부에서는 꽤 똑똑하다는 소리를 듣는 사람도 막상 외부에 나가면 침묵하는 경우가 많다. 동네에서는 왕이지만 막상 동네를 벗어나면 아무런 힘도 쓰지 못하는 골목대장처럼 말이다.

방안에서 연습할 때는 잘 불어지던 퉁소가 공연무대에서 제대로 소리를 내지 못한다면 얼마나 난처할 것인가. 내부에서는 물론 외부에 나가서도 당당히 전문성을 인정받을 수 있어야 한다.

학습 부진

세계 최고 수준의 소프트웨어가 깔려있어도 기껏해야 이메일 보는 용도로만 PC를 사용하는 사람이 있다. 또, 업무특성상 최신 기술잡지를 보고 수시로 외국인과 연락을 취해야 하는데 영어는 수준 이하인 사람도 있다.

꾸준히 학습하고 노력하지 않으면 도태되는 것은 시간 문제다. 문제가 생기면 목소리를 높여 떠들어대지만 정작 문제를 해결할 능력은 갖추지 못한 사람들, 하루빨리 학습부진의 늪에서 벗어나야 한다.